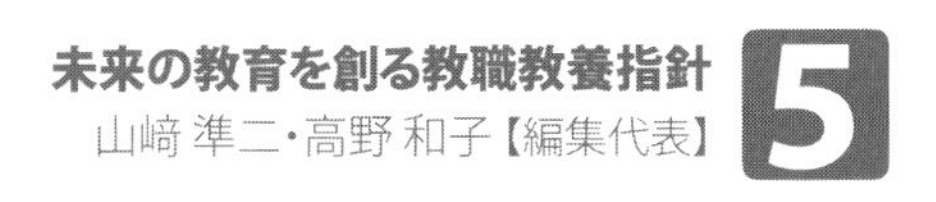

教育の法制度と経営

勝野 正章【編著】

学文社

執筆者

氏名	所属	担当
勝野　正章	東京大学	[第１章]
村上　純一	文教大学	[第２章]
三浦　智子	山形大学	[第３章]
島田　桂吾	静岡大学	[第４章]
山崎　智子	北海道教育大学	[第５章]
仲田　康一	大東文化大学	[第６章]
福嶋　尚子	千葉工業大学	[第７章]
武井　哲郎	立命館大学	[第８章]

<執筆順>

シリーズ刊行にあたって

21 世紀の現在，国内外ともに，就学前教育から高等教育まで，また学校教育のみならず家庭や地域における教育までも巻き込んで，教育界はさまざまな「改革」が急速に進められてきている。教師教育（教師の養成・採用・研修）全般にわたる「改革」もまた，初等・中等教育の学習指導要領改訂に連動した教師教育の内容・方法・評価の「改革」として，また教師教育を担う大学・大学院の制度的組織的「改革」をも伴いつつ，急速に進められてきている。

とりわけ近年，「実践的指導力の育成」というスローガンの下で，ともすると養成教育の内容と方法は，実務的・現場体験的なものに傾斜し，教職課程認定における行政指導も次第に細部にわたって強まってきている。さらに，「教員育成指標」「教職課程コアカリキュラム」の策定が行政主導で急速に進行しているが，教師教育の営みを画一化・閉鎖化しかねないと強い危惧の念を抱かざるを得ない。

そのような教育全般および教師教育の「改革」状況のなかで，今回の新シリーズ「未来の教育を創る教職教養指針」を，主に大学等での養成教育における教職関連科目のテキストとして企画・刊行することにした。そして，以下のような２点をとくに意識し，現職教師の自主的主体的な研究活動も視野に入れて，本シリーズを，各巻編者も含めた私たちからの，教師教育カリキュラムの１つの提案としていきたい。

①教育学や心理学という学問内容の体系性ではなく，あくまで教師教育という営みにおけるカリキュラムの体系性を提起することを直接的な目的としているが，過度に実践的実務的な内容とするのではなく，教師自身が教育という現象や実践を把握し，判断し，改善していくために必要不可欠とな

るであろう，教育学・心理学などがこれまでに蓄積してきた実践的・理論的研究成果（原理・原則・価値，理論・概念・知識など）を提起すること。

同時に，即戦力育成を目的とした実務能力訓練としての「教員育成」ではなく，教育専門職者としての発達と力量形成を生涯にわたって遂げていくための教師教育を志向し，そのために必要不可欠な基盤づくりとしての養成教育カリキュラムの１つのあり方を提案するものでもあること。

②現在，教職課程認定行政のなかで「教職課程コアカリキュラム」が示され，すでにその枠組みの下で再課程認定が進められてきている。本シリーズは，本来，上記「コアカリ」という枠組みに対応するべく企画・編集されたものではないが，扱う内容領域としては，上記「コアカリ」の内容にも十分に対応し，さらにはそれを越える必要な学習を修めることができるものを構築すること。

ただし，「教職課程コアカリキュラム」との関係については，本シリーズの各巻・各章を“素材”として各授業担当者の判断・構想によるべきものであるので「対応表」的なものを示してはいない。なぜなら，「コアカリ」の○○番目に該当する□□章△△節を扱ったから同項目内容の学習は済んだという思考に陥ったとき，教師教育の担当者は自らの教師教育実践を研究的に省察の対象とすることを放棄してしまうことになるのではないか。さらには，そのような教師教育からは社会の変化が求めている自主的主体的な研究活動に立脚した“学び続ける”教師は育ちえず，たとえ育っているようにみえてもそこでの教育実践研究は既存の枠組みのなかでのテクニカルなものに限定されがちになってしまうではないかと代表編者は考えているからである。

最後に，本シリーズ名とした「未来の教育を創る教職教養指針」のうちの「教職教養指針」という用語について，説明しておきたい。同用語は，19 世紀プロイセン・ドイツにおいて最初に教師養成所（Lehrerseminar）を創設し，自らその校長として教師教育の発展に尽力するとともに，以後の教育学・教科教育学および教師教育学などの理論的構築にも寄与したディースターヴェーク（Diesterweg,F. A. W., 1790-1866）の主著『ドイツの教師に寄せる教職教養指針

(Wegweiser zur Bildung für Deutsche Lehrer)』(初版 1835 年) から採ったものである。正確に述べておくならば，今日的な直訳は「ドイツの教師に寄せる陶冶のための指針」であるが，日本におけるディースターヴェーク研究・西洋教育史研究の泰斗・長尾十三二博士による訳語「教職教養指針」を使わせていただいた。ディースターヴェークの同上主著は，その後彼が没するまでに 4 版が刊行され，次第に質量ともに充実したものとなっていったが，当時の教育学や心理学，教科教育学やその基盤を成す人文社会科学・自然科学・芸術など各学問分野の第一級の研究者を結集して創り上げていった「ドイツの教師（それは，近代的専門職としての確立を意味する呼称である Lehrer＝教師：現職教師および教師志望学生たちも含める)」に寄せる「教職教養指針」なのである。同書では「教師に関する授業のための諸規則」も詳述されているが，その最後の箇所で，それらの諸規則を真に認識するためには行為（実践）が必要であること，「最も正しい根本諸原理を自分の頭で考えて理解し応用すること」によってはじめて状況に対応した教育的な機転・判断能力が育成されるのだと強調されている。本テキスト・シリーズも，そういう性格・位置づけのものとして受け止め，活用していただきたいと願っている。

本シリーズがディースターヴェークの同上主著と同等のものであるというのはあまりに口幅ったい物言いであるといえようが，しかし少なくとも本シリーズ企画への思いは彼の同上主著への思いと同様である／ありたい。そういう意味では本シリーズは「現代日本の教師（研究を基盤にすえた高度な専門職をめざし日々研鑽と修養に励む現職教師および教師志望学生たち）に寄せる教職教養指針」である／ありたいのである。

本シリーズが，大学のみならず教育実践現場や教育行政において教師教育という営みに携わる教育関係者，教職課程を履修する学生，さらには教育という営為・現象に関心を寄せる多くの方々にも，広く読まれ，活用され，そして議論の素材とされることを願っている。

2018 年 10 月

シリーズ編集代表　**山﨑 準二・高野 和子**

目　次

序　章
本書で学ぶ皆さんへ

1 コロナ禍と教育を受ける権利

（1）学校（公教育制度）の存在意義

2020年2月27日，安倍首相は新型コロナウイルス感染拡大防止を目的とする全国一斉の臨時休校要請を行った。それ以来，4月7日の非常事態宣言を経て，全国多くの学校で長期間にわたり教育活動が中断されるという事態が続いた。この学校休業は，図らずも，もっぱら教育を個人（家庭）の責任と選択に委ねるならば，いかに教育の平等が損なわれことになるかを私たちに認識させることになった。長期にわたり学校教育の少なくとも一部の停止が余儀なくされたあいだ，家庭教育や，塾・家庭教師・通信教育などの私教育（教育産業）を代替手段としてどれだけ確保できるかは，家計状態をはじめとする家庭の事情に著しく左右されたのである。

長期休業期間中，オンラインでの自宅学習に必要なICT環境を整備する経済的余裕のない家庭のあることが教育格差を広げる一因であると指摘された。政府の2020（令和2）年度補正予算では，そうした家庭に対し優先的に端末やモバイルルータを配布することが決まった。しかし，ICT環境以外にも，保護者の就労状況・健康状態，家族の構成と関係性，学校・教職員との関係など多くの要素によって，家庭が学校教育を，その一部であれ肩代わりできるかが左右される。長期休業期間中，すべての家庭が，学習時間の確保や宿題の点検など，子どもの「学習を止めさせない」という文部科学省の協力要請に易々と応じられたわけではない。長期休業によって教育を受ける権利をとくに奪われたのは，すでに経済的困窮や社会的，文化的に排除されていた家庭とその子どもたちであった。

もちろん，学校教育自体，決して平等ではない。能力，障害，国籍，人種・民族，言語・文化，ジェンダー，セクシュアリティなどによる差別や不平等から無縁ではないのが学校教育である。しかし，学校がなければ，子どもたちの教育には家庭の経済的，社会的，文化的状況が直接反映され，さらに不平等なものになることはまちがいない。長期間の学校休業は，学校が教育の機会均等に果たす（完全ではないにせよ，重要な）役割を私たちに改めて認識させることになった。

(2)「ウィズ・コロナ」と教育行政・経営の責務

第1章で学習するように，戦後日本の教育法制は国家に対して国民の教育を受ける権利の積極的保障を求めている。ただし，この国民の教育を受ける権利の保障と，個人の内心（私的領域）に深くかかわる教育の自由・自主性は尊重されなくてならない（「不当な支配」の禁止）という2つの原理を両立させるため，「教育の目的を遂行するに必要な諸条件の整備確立」（旧教育基本法10条2項）を教育に関する国家作用（教育行政）の第一義的な責務とした。再開後の学校教育に求められるのは，まさにこの責務の遂行である。

「ウィズ・コロナ」の教育には何が必要だろうか。学校が，子どもたちが安心・安全に生活し，学習できる場所であるために，今まで以上に衛生管理を徹底しなくてはならない。家庭の経済格差がさらなる教育格差を生み出すリスクを断ち切るためには，タブレット・PCの配布やオンライン教材の開発を促進するだけでなく，一人ひとりの子どもに寄り添った教育ができるよう抜本的な教員配置の拡充が必要である。養護教諭，栄養職員，事務職員やスクールカウンセラー，スクールソーシャルワーカーも増員して，子どもの健康と生活を支えなくてはならない。もともとの学級の友だちとの交流を確保しながら，できる限り，少人数学級や少人数授業を拡大すべきであろう。こうした取り組みは学習だけでなく，子どもたちの気持ちの安定や生活習慣の回復にも役立つ。学習指導要領が定める学習内容の思い切った精選・削減を行い，子どもたちがゆとりをもって再開後の学校生活を送れるようにすべきである。大人たちが夏休みの短縮や７時間授業，行事のさらなる削減によって学習の遅れを取り戻そうとすれば，ますます子どもたちを追い詰めることになろう。

学校再開後の詰め込みによって，これまで以上に勉強についていけない子どもは置いてゆかれ，学校に居場所を見つけられない子どもたちの数が増えるかもしれない。決してそうさせないためには，教職員配置の拡充をはじめとする行財政面での条件整備が必須である。それに加え，子ども一人ひとりに寄り添った教育実践を進める学校経営と，教職員がお互いに理解し合い，助け合える関係が今こそ求められる。そのような教職員の関係がなければ，十分に行財政的な支援が与えられ，学校により多くの裁量が認められたとしても，学校みずから，「学びの保障」を名目に競争的な教育を推し進めることになりかねない。

（３）戦後教育法制の指導理念

コロナ禍は，学校（公教育制度）はすべての子どもの教育を受ける権利を平等に保障するためにあるという存在意義と，教育行政による条件整備と適切な教育・学校経営の重要性を改めて私たちに自覚させた。しかし，それはコロナ禍という特別な事態においてとくに目立ったということであり，通常時においても本来変わるものではない。なぜならば，そのような学校の存在意義や教育の行政と経営に課せられた責務は，基本的に，教育法制（教育法規の体系）によって定められ，規律されているものだからである。このことは，異なる教育法制のもとでは，学校の存在意義も，教育行政が果たさなくてはならない責務もちがうものとなることを意味する。「国家の国民を教育する権利」を中心に構成された戦前日本の教育法制のもと行われた学校教育は，社会的，経済的，文化的，身体的な理由により子どもたちを選別，排除し，最終的にはその生命を犠牲にすることも厭（いと）わなかった。

もちろん，すべての子どもの教育を受ける権利を平等に保障するという，戦後教育法制の指導理念が実際のところ十分に実現されてきたわけではない。教育の行政，経営に課された責務が十分に果たされてきたわけでもない。その点でも，コロナ禍は貴重な教訓を残した。厳しい家庭環境の子ども，障害のある子ども，外国とつながりのある子どもなど，もともと社会的，経済的，文化的，身体的な理由により教育的排除を受けがちであった子どもたちは，そうでない子どもたちよりも大きな不利益を被ることが多かった。このことを現在の教育法制，および教育の行政と経営の重大な課題として受けとめる必要がある。

教職課程を学んでいる読者にとっては，教育法制は学校をはじめとする教育機関における日常的な教育実践とのかかわりが薄いもののように思われるかもしれないが，決してそうではない。教育法制（そして，教育の行政と経営）が日々の教育活動にどのようにかかわっているか，そして，どうあるべきかを本書を通してともに学び，考察してほしい。

2 本書の構成

本書は，序章および8章で構成されている。各章の内容は，概略以下のとおりである。

第1章では，近代公教育制度をその社会的，経済的成立要因と思想的背景に注目して理解するとともに，日本の戦後教育法制の成立と，その後の変動について学習する。国民の教育を受ける権利を保障し，教育の機会均等を保障するという戦後教育法制の意義を確認しながら，国民の権利一般には解消されない子どもの人権という視点をより積極的に組み入れる必要性や，社会・経済的地位，性・ジェンダー，障害，国籍，人種・民族などの差異に応じた，実質的な平等の実現（公正，社会正義）が目指されるべきであるという現代的課題も指摘する。

第2章では，教育行政の理念と特徴を歴史的展開に即して概観したあと，国および地方レベルの教育行政・政策決定プロセスについて，主に近年における文部科学省と教育委員会の権限，役割の変化に注目して学習する。2001年の中央省庁再編以降，国レベルの教育行政・政策決定プロセスにおいては内閣機能と政治主導が強まり，首相直属諮問機関のプレゼンスが高まった。地方レベルでは，2007年および2014年の地方教育行政の組織及び運営に関する法律の改正により，教育委員会の権限が縮小し，首長のリーダーシップが強まっている。こうした変化は，現代の教育行政を理解するうえできわめて重要な内容である。

第３章では，教育委員会による学校管理に関する法制度を整理したうえで，重層－単層構造論争，学校経営の現代化論，リーダーシップ論などの学校組織マネジメント（学校経営）研究の展開を，主として教員の専門性と協働（同僚的関係）の観点から学習する。学校経営は単独で成り立つものではなく，文部科学省や教育委員会による基準設定や指導助言，教職員人事，予算などに関する制度的環境によって規定されていることを理解したい。現行学習指導要領のポイントであるカリキュラム・マネジメント，「開かれた教育課程」についても，本章で学ぶ。

第４章では，小学校に入学する前の教育施設である幼稚園と保育施設である保育所の法制度を概観したあと，2012 年８月に成立した「子ども・子育て関連３法」に基づく「子ども・子育て支援新制度」について詳細に学習する。この制度は，幼児教育・保育の「質的向上」と「量的確保」の同時実現を目的としている。また，幼稚園・保育所において子どもの事故発生を未然に防ぎ，安全・安心な保育環境を整えることが就学前教育・保育の基本であることも学ぶ。

第５章では，教員の養成，免許状，採用，研修に関する法制度と近年における改革動向について学習する。2016 年に教育職員免許法が改正され，教職課程にコアカリキュラムが導入されたが，これは学士課程教育と資格教育の両側面を併せもつことによる開放制教員養成の課題を浮かび上がらせることとなった。また，「学び続ける教員」像を掲げて大学と教育委員会の連携強化を進める研修制度の改革は，「大学における教員養成」原則にも再検討を迫るものである。本章では，OECD が定期的に実施している教員指導環境調査（TALIS）によって示された，長時間労働など，日本の教員の特徴も取り上げる。

第６章では，1990 年代以降に国の政策として強まった学校と保護者，地域住民との連携について，歴史的・社会的文脈のもとで，その意味を理解し，日本の教育史上初めて保護者や地域住民が学校運営に正式にかかわることを可能にした学校評議員制度および学校運営協議会制度とその運用実態について学習する。2011年の東日本大震災を契機として，学校と地域が連携することの重要性が改めて認識され，「地域とともにある学校」がめざされるなか，2017年3月の地方教育行政の組織及び運営に関する法律の改正により，学校運営協議会制度の改革が行われた。本章では，今後の同制度の運用を展望し，可能性とともに留意点を指摘している。

第7章では，国や地方自治体による教育課程の編成，実施に関する行政作用である教育課程行政がテーマである。その重要な構成要素である学習指導要領，教科書検定・採択，副教材，全国学力・学習状況調査，「学力向上施策」などの法制度，およびその近年における運用動向について学習する。教育課程行政を指導・助言的性格のものに規制する制度原理（内外事項区分論。同時に，教師の教育活動に対しても，子どもの思想・良心の自由を保障するために制限が課される）の視点から，2006年の教育基本法改正により新たに教育の目標が規定されたことをはじめとする，近年の立法，政策・行政措置の課題についても考察する。

第8章では，戦後教育法制のもとにあっても障害のある子どもたちが長きにわたって教育を受ける権利を奪われてきた歴史をふまえ，養護学校義務化（1979年），特殊教育から子ども一人ひとりのニーズに応えて弾力的に教育の場を提供することを理念とする特別支援教育への転換（2007年），そして，近年におけるインクルーシブ教育の理念に基づく法制度改革と行政措置について学習する。学校以外の多様な学びの場を認めるべきか，それとも，どの子どもも安心して学び，生活できる場へと現在の学校を改革すべきかという議論は，障害のある子どもに限らず，社会的，経済的，文化的な差異により，さまざまな形で学校教育から排除されてきた子どもたちを包摂する（インクルーシブな），将来の教育のあり方と，そのための教育法制を考えていくうえで非常に示唆的である。

なお，本書には巻末資料として，日本国憲法，子どもの権利条約，いくつかの法律を掲載している。各章で趣旨のみ説明がある条文を具体的に確かめたり，興味のある事項に関連する条文を探してみるなどして，学習に役立ててほしい。ただ，紙幅の制約上，全文ではなく，とくに各章の内容と関係が深い条文だけを掲載した法律が少なくなく，そもそも掲載を諦めた法律もある。さらに，法律の施行令である政令（たとえば，学校教育法施行令），教育行政立法である省令（たとえば，学校教育法施行規則），文部科学省の告示や通達，そして地方自治体の議会立法である条例（たとえば，松本市子どもの権利に関する条例），教育委員会の規則や規程などにも重要なものがあるが，それらは一切割愛せざるを得なかった。教育法規について，さらに詳しく調べたい場合は，e-Gov 法令検索（https://elaws.e-gov.go.jp/search/elawsSearch/elaws_search/lsg0100/），日本法令索引（https://hourei.ndl.go.jp/#/），地方自治体が各ウェブサイトに掲載している例規集，『教育小六法』（学陽書房），『解説教育六法』（三省堂）などをぜひ参照してほしい。

第1章
教育法制の歴史と現代的課題

本章ではまず，日本とヨーロッパの近代公教育制度について，その歴史・社会的な成立要因と思想的背景を学ぶ。つぎに，国民の教育を受ける権利を指導理念として構築された，日本の戦後改革期教育法制について理解を深めるとともに，その後の変動を概観する。最後に，教育法制の現代的課題として，子どもには人権とともに固有の権利があること，また，形式的な機会均等では子どもの教育を受ける権利を十分に保障することはできず，社会・経済的地位，性・ジェンダー，障害，国籍，人種・民族などの差異に応じた，より積極的・実質的な平等の実現（公正，社会正義）をめざす必要があることを指摘する。なお，本章における教育法制は，学校教育法制に限定している。

1 近代公教育制度

（1）戦前日本の教育

1872（明治5）年，近代公教育制度の出発点である「学制」とともに布達された「学事奨励ニ関スル被仰出書」（学制序文）には，「人能ク其才ノアル所ニ應シ勉勵シテ之ニ従事シ而シテ後初テ生ヲ治メ産ヲ興シ業ヲ昌ニスルヲ得ヘシサレハ學問ハ身ヲ立ルノ財本共云ヘキ者ニシテ人タルモノ誰カ學ハスシテ可ナランヤ」という一節がある。これは，民衆に立身出世の手段として教育を受けることを奨励したものである[1)]。同じ年に公刊された，冒頭の一節，「天は人の上に人を造らず人の下に人を造らず」で有名な福沢諭吉の『学問のすすめ』でも，自然状態では存在しないはずの貧富，身分の差は「学問の力」のみによって生じると述べられていた。

『学問のすすめ』は，どの家（血統，階級，生業）に生まれたかで，その人の一生が決定されてしまう身分制社会に代わる，「学問の力」をもって個人が人生の可能性を広げられる，近代社会像を提示していた。そこには，よりよい経済的，社会的地位の獲得という個人的な利害関心（interests）と平等な社会の構築という個人を超えた利害関心が教育によって調和的に実現されるという理想がうかがえる。しかし，現実は必ずしも，教育を通じて自由な個人が平等な社会を実現するという理想どおりに進んだわけではない。

まず，農業を主たる生業として，村落共同体のなかで生活していた多くの民衆にとって，教育の近代的・個人主義的な価値は現実と乖離しており，簡単に受容できるものではなかった。1886 年の教育令により小学校の義務就学が定められたが，当初は受益者負担（授業料徴収）の原則が採用されたこともあり，学校が拒絶の対象となり，打ち壊しが発生した地域もあった。いっぽう，個人を超えた利害関心は，自由な個人と平等な社会の実現にではなく，急速な工業化・産業化による国力増強，そして大日本帝国憲法（1889 年 2 月 11 日公布，1890 年 11 月 29 日施行）のもとで天皇を中心とする国民統合へと向かった。1890 年 10 月 30 日に宣布された「教育ニ関スル勅語」（教育勅語）では，国家の創始者を祖先とし，道徳の樹立者である天皇に対する臣民の忠と父母への孝が「国体の精華」であり，「教育の淵源」であると宣言された。

やがて産業化と都市化の進展とともに，民衆は近代的な学校教育を積極的に受容するようになり，就学率が上昇し，義務教育年限の延長も実施された[2)]。しかし，大日本帝国憲法のもとでは，教育は納税，兵役と並ぶ，臣民の天皇制国家に対する義務とされ，社会的，経済的地位の格差や性による差別を反映した複線型学校体系が採用されたため，個人的な利害関心を追求する手段としての教育にも多くの制約が課せられた。それればかりか，国民道徳の形成に重きをおいた教育はやがて軍国主義的色彩を帯びるようになり，国民をあげての戦争遂行（個人の生命，財産の放棄）へと突き進む原動力ともなった。明治維新以降，戦前日本の公教育制度は，民衆による個人的な利害関心の追求を原動力としつつも，それを制約し，最終的には犠牲とすることも厭（いと）わない国家的利害関心を軸に展開したといえる。

（2）近代公教育制度と人権思想

フランス革命期の思想家・政治家コンドルセ（Condorcet，1743-1794）は，価値や宗教や道徳に関する教育は家庭と教会に委ねられるべきものとしつつ，知育を中心とする基礎的教育はすべての者の「必要」であり，社会はすべての構成員に対してその責任を負わなければならないと唱えた。このようなフランス革命期における公教育計画からフランス第3共和政期初期（1880年代）のジュール・フェリー（Jules Ferry）による教育改革に引き継がれて確立された義務制・無償制・世俗性の3点は，しばしば近代公教育制度の指標とされている[3)]。

それらの特徴をもつ近代公教育制度が確立されたのは，「弱い者」として生まれる人間は教育を通して判断力を備えた人権享有主体になると述べたルソー（Rousseau，1712-1778）[4)]をはじめとする，啓蒙思想・人権思想の流れを汲みつつも，従順で生産性の高い労働者の確保と国民統合という，資本主義経済と国民国家の教育目的に応えるためでもあった。19世紀後半のヨーロッパでは，産業化の進展とともに，原材料や製品市場を確保する必要から他国との貿易や交渉が盛んになり，権益や領土をめぐって国家間の戦争が頻繁に起こるようになった。国外を意識しながら国内の産業・経済を発展させ，外国との戦争に勝利するためには，国語教育と道徳教育を中心に，すべての民衆に国民（nation）としての一体感をもたせる教育を行う必要があった。

いっぽう，資本主義の進展とともに，階級的自覚を高めた労働者階級からは明確に教育を権利として捉え，国家に対して権利を保障する義務を課す公教育思想が現れた。19世紀前半に労働者の生活改善と普通選挙の実施を訴えたチャーチスト運動の指導者のなかには，当初，人間の精神，知性，徳性の自由な発展のためには公費教育への就学強制は有害であるとして，否定する者が多かった。そのなかで，ロバート・オーエンの人道主義的教育思想を受け継いだ，『人民憲章』（1838年）の起草者ウイリアム・ラベット（William Lovett，1800-1877）の労働者階級の自己教育論は，教育機会を保障する義務を国家に要求する公教育思想へと発展した。また，マルクス（Marx）は『ゴータ綱領批判』

(1875年）のなかで，「国家による初等教育」（「人民の教育者としての国家」）を明確に否定するとともに，教育の手段（機会）の提供は国家によってしかなし得ないものであり，国家の責務とされなくてはならないと論じた。

日本でも，人間の自由と尊厳の価値を訴えた明治時代の自由民権運動や大正デモクラシーのなかで，教育は国民の権利であると唱える思想が生まれた。たとえば，1918年に埼玉県内の小学校教員を中心に設立された日本教員組合啓明会は，1920年に「教育改革の4綱領」を公表して，教育を受ける権利（学習権）を人間の権利の一部と定め，小学校から大学に至るまでの教育の機会均等とそのための教育費の公的負担の実現を要求した。このような思想や運動は当時の国家体制の下では否定されたものの，戦後教育改革における，臣民の義務としての教育から国民の権利として教育への理念的転換に地下水のように流れ込んだのである。

2 戦後日本の教育法制

（1）教育を受ける権利

1945年8月15日に敗戦を受け入れた日本では，国民主権，平和主義，基本的人権の尊重を新しい国家建設の原則に据えた日本国憲法（1946年11月3日公布，1947年5月3日施行）と旧教育基本法（1947年3月31日公布・施行）のもとで教育再建がめざされることになった。旧教育基本法前文では，教育が民主的で文化的な国家の建設において重要な役割を果たすべきことが宣言され，教育は「人格の完成をめざし，平和的な国家及び社会の形成者として，真理と正義を愛し，個人の価値をたつとび，勤労と責任を重んじ，自主的精神に充ちた心身ともに健康な国民の育成を期して行われるべき」（1条）と，その目的が宣言された。戦前の大日本帝国憲法・教育勅語法制において，「忠君愛国」を教育の目的としていたことを根底から否定したのである[5)]。

戦後日本の教育法制の中心に位置するのは，日本国憲法が新たに定めた国民の教育を受ける権利である。

日本国憲法 26 条　すべて国民は，法律の定めるところにより，その能力に応じて，ひとしく教育を受ける権利を有する。②すべて国民は，法律の定めるところにより，その保護する子女に普通教育を受けさせる義務を負ふ。

この日本国憲法の規定を具体化して，旧教育基本法 3 条（教育の機会均等）には，「すべて国民は，ひとしく，その能力に応ずる教育を受ける機会を与えられなければならないものであって，人種，信条，性別，社会的身分，経済的地位又は門地によって，教育上差別されない」と定められた。両方に共通する「ひとしく」という語句は，基本的人権である教育を受ける権利が平等に保障されることを確認（憲法 14 条「法の下の平等」）するものであるが，複線型学校体系に端的に現われていた，戦前の公教育法制における社会的身分や性別による教育を受ける機会の差別を否定する，実質的な意味をもっていた。また，「能力に応じて（ずる）」は，個人を能力の高低によって差別してよいという意味ではなく，多様な能力を個性として尊重する趣旨であることが立法時の国会審議では確認された。

旧教育基本法 4 条（義務教育）は，憲法 26 条 2 項を受けて，「国民は，その保護する子女に，九年の普通教育を受けさせる義務を負う」と定めた。戦後日本の教育法制において，義務教育の意味は，子どもに普通教育を受けさせる保護者の義務となった。憲法 26 条 1 項と併せて読めば，この保護者の義務は教育を受ける権利をもつ子どもに対する義務であり，戦前のような国家に対する義務ではない。

また，この保護者の義務は，学校教育法において，子どもを定められた年齢の期間，学校に通わせる就学義務として具体化された（年齢主義）。しかし，経済的な理由から保護者が就学義務を果たせないこともあり得るため，「義務教育は，これを無償とする」（日本国憲法 26 条 2 項）と無償制を定めている。旧教育基本法では，無償制について「国又は地方公共団体の設置する学校における義務教育については，授業料は，これを徴収しない」（4条2項）と定めるとともに，「国及び地方公共団体は，能力があるにもかかわらず，経済的理由によって修学困難な者に対して，奨学の方法を講じなければならない」（3条2項）としている。国民の教育を受ける権利の保障を目的として，無償制や経済的に困窮する家庭の子どもに対する奨学支援の実施が国家の責務とされたのである。

（2）「憲法・教育基本法」法制

1946年3月，当時の占領軍（連合国軍総司令部：GHQ）による要請を受け，日本の教育の問題点を分析し，改革の方向性を示すことを目的として，第一次米国教育使節団が来日した。この使節団はおよそ一月後に報告書をまとめ，教育の地方自治や「個人の価値と尊厳の承認」の必要性を唱えて，戦後教育改革の方向性を示した。この報告書は戦後教育改革に大きな影響を与えるものであったが，旧教育基本法の策定を含む，その具体化は1946年8月に内閣総理大臣の諮問機関として設置された教育刷新委員会のもとで進められた。教育刷新委員会は，1949年に「教育刷新審議会」と名称を変更し，1952年6月に廃止されるまで，最初は安倍能成，後には南原繁を委員長として「教育に関する重要事項の調査審議」を行い，内閣総理大臣に計35回の建議を行った。

戦後改革期の教育法制は，旧教育基本法をはじめ，学校教育法（1947年），旧教育委員会法（1948年），教育職員免許法（1949年），社会教育法（1949年），私立学校法（1949年）などの諸立法により形成された。すでに述べたとおり，その指導理念として，日本国憲法26条が定めた国民の教育を受ける権利があるほか，国民主権の原理をはじめ，個人の尊重（13条），法の下の平等（14条），思想及び良心の自由（19条），信教の自由（20条），学問の自由（23条）など日本国憲法が明示した国民の自由と平等が，戦後改革期の教育法制の原理的な支柱となった。

すなわち，第一に天皇制国家から国民主権国家への転換に応じて，教育における法律主義が採用された。戦前の教育法制を構成した法規のほとんどは，

1886年に公布された諸学校令をはじめ，帝国議会（衆議院）による審議・決定を免れる勅令（天皇の命令）であった。そのため，国の教育に関する重要事項は官僚支配のもとにおかれた。戦後は，この勅令主義を廃止し，旧教育基本法をはじめとする諸法律を主権者国民の代表である国会で審議，制定することとした。

第二に思想・信条・信教の自由を保障するために，戦前の国家による直接的な教育内容統制を廃し，国家に対して教育の自由・自主性を尊重することを求めた。このことは，教育に対する「不当な支配」を禁止し，「国民全体」に対する直接責任性を唱えるとともに，教育行政の目標を「教育の目的を遂行するに必要な諸条件の整備確立」と定めた旧教育基本法10条に明示され，旧教育委員会法，社会教育法における非権力的教育行政（指導・助言的教育行政）の基本理念となった。あわせて，教育の政治的・宗教的中立性を確保することも求めた。戦前は学校教育が天皇を神格化し，国家神道を国民に浸透させる手段となったことへの深い反省から，旧教育基本法9条において，教育においては宗教に対する寛容が尊重されるべきとするとともに，公立学校においては「特定の宗教のための宗教教育その他宗教的活動」を禁じた[6)]。

第三に，法の下の平等を具体化するものとして，教育の機会均等の実現がめざされた。戦前の学校体系は，中等教育段階から，社会的，経済的地位と性によって「青年教育コース」（高等小学校，実業補習学校，青年訓練所）と「中等教育コース」（中学校，高等女学校，実業学校）に分岐し，高等教育への進学は後者からにほぼ限定された。この複線型学校体系を廃止し，中等教育を中学校と（総合制）高等学校に一歩化するとともに，制度上は誰でも上級の学校に進学できる6・3・3・4の単線型学校体系が整備された。あわせて，義務教育年限も小学校と中学校の9年間に延長された（旧教育基本法4条）。義務教育の無償は戦前と同じであったが，国家が国民に対して就学を強制する手段としての無償から，教育を受ける権利を保障する国家的責務の一環としての無償へと原理的な転換を遂げた。さらに，小学校3年生以上は男女別学とされていた戦前の原則を否定して，男女共学が推奨され[7)]，女性の大学進学が公的に認められた[8)]。

こうして構築された戦後改革期における教育法制は，戦前の大日本帝国憲法・教育勅語法制からの断絶を図るものであった。しかし，旧教育基本法をはじめとする新たな立法を重ねたものの，義務教育法や教育財政法などは戦前を継承した面も少なくなかった。そのため，新しい指導理念のもとで完全な一貫性を備えた教育法制であったわけではなく，たとえば，戦前の小学校令から学校教育法に引き継がれた就学義務の猶予・免除制度は，国民の教育を受ける権利を指導理念とする戦後教育法制とは論理的に矛盾するものであった。また，戦後改革期の教育法制は，国家に対して教育の自由・自主性の尊重と，教育を受ける権利の積極的な保障を同時に求めるものであった。理念的には，教育行政の役割を教育条件整備に限定することで，その両立の実現が図られたが，現実には，国家による教育統制と，教育の機会均等の実現をはじめとする，国家の正当な役割である教育を受ける権利の積極的保障との間でどこに境界線を引くかという問題は，その後の教育政策・行政における重要な争点となった。

（3）戦後教育法制の変動

終戦直後には民主化・非軍事化を軸に進められたアメリカの対日占領政策は，労働運動の活発化，社会主義・共産主義の拡大，朝鮮戦争勃発などの国内外情勢を背景に軌道修正された。これにあわせて，1951 年に対日講和条約と日米安全保障条約が締結され日本が独立を果たすころには，国内でも戦後改革を国情に合わない，行き過ぎた民主化と批判的に捉え，その是正を唱える保守派勢力が強まった。その後，1955 年に社会党が統一され，保守合同により自由民主党が結成されて，いわゆる「55 年体制」が始まると，「逆コース」と呼ばれる，戦後改革の再改革を進める政治動向がますます顕著になった。こうした状況のなかで，戦後改革期に構築された教育法制も，その後の教育立法や教育政策・行政による少なからぬ変動を被ることとなった。

1956 年には教育委員会法が廃止され，地方教育行政の組織及び運営に関する法律が制定された。これは，国民主権原理に基づく公選制を首長による任命制に変え，教育の政治的中立性と専門性を担保するために首長・一般行政部局からの独立性を確保された執行機関としての教育委員会の権限を弱めるものであった。さらに，教育長の任命制や機関委任事務などにより，文部大臣，都道府県教育委員会，市町村教育委員会の間に上下の規律関係がもち込まれた。これに続き，1958 年に文部省は学習指導要領を官報告示することで，その法規性を主張し，また教職員組合運動からの強い抵抗を受けながら，同年に教職員に対する勤務評定，1961 年には全国いっせい学力調査を実施した。

このような教育立法，教育政策・行政によって顕在化した，国家による教育介入の正当性をめぐる問題は，家永教科書裁判（第 1 ～第 3 次，1965～1997 年）や全国学テ裁判を通して法的争点となった。全国学テ旭川事件最高裁判決（1976 年 5 月 21 日）は，教育の機会均等と全国的な一定水準確保という目的に照らして，学習指導要領は「必要かつ合理的な基準」と認められると結論したが，同時に「子どもが自由かつ独立の人格として成長することを妨げるような国家的介入，例えば，誤った知識や一方的な観念を植えつける」ようなことは許されないと述べ，個人の内心（私的領域）に深くかかわる教育の自由・自主性が尊重されるべきことを再確認した。

いっぽう，戦後改革期以来，教育の機会均等保障は，市町村立職員給与負担法（1948 年），義務教育費国庫負担法（1952 年），義務教育諸学校等の施設費の国庫負担等に関する法律（1953 年），公立義務教育諸学校の学級編制及び教職員定数の標準に関する法律（義務標準法）（1958 年），義務教育諸学校の教科用図書の無償措置に関する法律（1963 年）などから構成される，教育条件整備法制によって主に担われてきた。これにより，6・3・3・4 制の実施と義務教育年限延長に続く，経済成長を背景とした進学率向上（教育の量的拡大）にも対応できたが，1973 年に経済が低成長に転じ，財政赤字が深刻化するにつれ，国家の積極的な財政支出による教育の機会均等保障は徐々に見直しの対象とされるようになった。

バブル経済が終焉を迎え，1990 年代に入ったころからは，グローバル化，情報化，少子高齢化などの社会，経済的変化を背景として新自由主義を基調とする行財政改革が進み，教育分野においても地方分権，規制緩和，選択の自由の促進，競争原理の導入を進める諸政策が実施された。その流れのなかで，2000 年以降，義務標準法の改正により，徐々に学級編成の弾力化を進めるとともに，2004 年には義務教育費国庫負担法の政令が改正されて，都道府県は国庫負担金総額の範囲内で教職員の給与と人数を決定できるようになった（総額裁量制）。さらに，2006 年には国庫補助金の整理合理化の対象となった義務教育費国庫負担金が，全額一般財源化は免れたものの，従来の 2 分の 1 から 3 分の 1 に引き下げられた。これらにより，少人数学級・授業や選択教科・授業の開設など，地方の実情に応じた特色ある教育を実施する余地は広げられたが，同時に地方間格差が拡大する可能性もあり，全国的な教育の機会均等と水準を保障すべき国の責任は後退した。

2006 年に旧教育基本法が全部改正され，現在の教育基本法（新教育基本法）が成立した（12 月 22 日公布・施行）。新教育基本法は，「我が国と郷土を愛する」態度を養うことなど，国家主義・権威主義的傾向を持つ教育の目標が新たに盛り込まれたことをはじめ，旧教育基本法とは異なる性格をもつ法律である。新教育基本法 16 条（教育行政）では，旧教育基本法の「国民全体」に対する直接責任性を定めた規定（10 条 1 項）が削除されて，教育は「この法律及び他の法律の定めるところにより行われるべき」とされた。さらに，教育行政の目標としての「条件整備」規定（旧教育基本法 10 条 2 項）も削除された。新教育基本法 16 条 2 項「国は，全国的な教育の機会均等と教育水準の維持向上を図るため，教育に関する施策を総合的に策定し，実施しなければならない」は，教育の機会均等保障という戦後教育法制の理念を継承するものではあるが，教育の自由・自主性尊重との両立という課題を抱え，正当な国家的介入の境界線をどこで画すのかが模索されてきた歴史的事実を棚上げしているようにも読める。

新教育基本法の公布・施行後，学校教育法が定める学校種ごとの教育の目標をはじめ，連動する法改正が次々に行われた。新教育基本法が戦後教育法制に大きな変動をもたらしたのは事実であるが，国民の教育を受ける権利が現在も教育法制の指導理念であることに変化はない。教育立法，現行教育法令の解釈・適用，教育政策・行政の決定・実施は，この指導理念に悖（もと）るものではあってはならない。

3 教育法制の現代的課題

（1）子どもの権利

現代日本の教育法制を構成する重要な要素として，1989 年に国連総会で採択され，1994 年に日本政府が批准した，子どもの権利条約（児童の権利に関する条約）がある[9]。その基本的理念は，子ども[10]を弱い存在として特別な保護が与えられるべきであるとしつつも，未熟な存在として思想や行動を制約するのではなく，子どもが自分らしく生きること，さまざまな権利を行使することを通じて発達する権利を保障する責務を社会全体が負わなければならないということである。現代日本の教育法制は，「国民」の教育を受ける権利の保障を指導理念としており，児童福祉法（1947 年）をはじめとする児童福祉法制においても，子どもの「保護」を基本理念としている。「子ども」の人権と固有の権利を示すとともに，子どもを「権利行使の主体」として，より積極的に位置づけている点に本条約の特別な意義がある。

国連には，子どもの権利条約の批准国が子どもの権利を実現する責務を果たしているかを定期的に審査する機関として，子どもの権利委員会が設置されている。この委員会はこれまでに 1998，2004，2010，2019 年の 4 回にわたり日本政府に対する勧告を行い，日本の教育の競争的性格と子どもたちのいじめ，精神的不安定，不登校・ドロップアウト，自殺などの問題との関連性を指摘し，早急に措置を講じることを求めてきた。また，子どもの貧困と虐待や養育放棄など人権侵害の危機にある子どもの増加の関連性にも強い懸念を表明した。条約の批准国として，日本政府はこうした勧告を尊重し，必要に応じて立法，現行法の改廃，行政措置を講じることで，条約の原則および規定の実現に務めることが求められる[11]。もちろん，子どもの権利委員会による審査，勧告を待つまでもなく，子どもの権利の視点に立って，現代日本の教育を点検し，問題点を改善していくことが重要である。その際には，「子どもの意見表明権」（子どもの権利条約12条）を保障し，「子どもの最善の利益」（3条）を図るよう努めなくてはならない。

（2）実質的な平等の保障

国民の教育を受ける権利を指導理念とする戦後教育法制により，形式的には誰に対しても平等に機会が開かれた学校教育制度がつくられた。しかし，実際には現在も家庭事情，健康状態，障害，人種・民族，性・ジェンダー，セクシュアリティなどによる差別，不平等がなくなったわけではない。その端的な事例が，実質的な不就学／不登校によって，教育を受ける権利を奪われてきた／いる子どもたちの存在である。近年になってようやく，その事実に目が向けられ，行政・立法措置が講じられるようになってきた。

2015年7月，文部科学省は，実質的に教育を受けずに中学校を卒業した者の中学校夜間学級入学を認め，2016年6月には，特別な事情（保護者による虐待や無戸籍など家庭の事情，病弱・発育不全，不登校，海外からの帰国，日本国籍をもたない，など）による小学校未修了者の中学校入学を積極的に認める方針を示した。2016年12月に成立した義務教育の段階における普通教育に相当する教育の機会の確保等に関する法律（2017年2月施行）では，年齢や国籍を問わず，義務教育段階の教育を十分に受けていない者の教育を受ける機会の確保を図るべきことが基本理念とされ，そのために必要な措置を講じることが国と地方自治体に課せられ，初めて夜間中学校に法的な位置づけが与えられた[12)]。こうした流れが，年齢主義に形式的にとらわれない，教育を受ける権利の回復，実質的な保障を進めることになるか注視したい。

外国人児童・生徒の不就学問題も深刻である。文部科学省の調査によれば全国の不就学者数は約2万人に上る可能性がある（「外国人の子供の就学状況等調査結果について」2020年3月）。確かに，外国人児童・生徒は「希望すれば」公立小学校，中学校に就学し，教科書無償給付や就学援助措置を受けることができるが，国籍にかかわる制度的な教育上の差別，不平等が存在する。外国人学校は日本の正規の学校（学校教育法1条）として認められていないために，その児童・生徒はさまざまな教育的不利益を被っている。また，2010年に公立高等学校に係る授業料の不徴収及び高等学校等修学支援金の支給に関する法律（現行，高等学校等修学支援金の支給に関する法律）が制定され，公立高等学校等の無償化が始まったが，朝鮮高級学校には適用されていない。2019年10月から始まった幼児教育・保育の無償化も，外国人学校幼児教育・保育施設は対象外とされた。「国民」の教育を受ける権利保障という教育法制の指導理念は，すべての「子ども」の権利保障という観点から，より積極的に捉え返される必要がある。

また，狭義の教育法制に収まるものではないが，子どもの貧困対策の推進に関する法律（2013年）や障害を理由とする差別の解消の推進に関する法律（2013年）も，教育の機会均等原則のもとで本来存在してはならないはずの家庭の経済状況，障害による教育上の差別，不平等の解消を改めて求めている。

戦後日本の教育は，家庭事情，健康状態，障害，人種・民族，性・ジェンダーなどのちがいにかかわらず，「すべての」子どもに平等に教育の機会を保障することをめざしてきた。しかしそれでは，そうしたちがいによる教育上の実質的な不平等，差別をすべて解消することはできない。また，「国民」の枠外におかれた外国人児童・生徒の教育を受ける権利保障は，制度上きわめて脆弱である。今後は，子どもの社会的，経済的，文化的，身体的な「ちがいに応じて，不利な立場におかれている子どもにはより手厚く対応する」ことで，実質的な平等（「真の機会」の保障，公正，社会正義）を実現する教育および教育法制へと大きく舵を切っていくことが求められている。

深い学びのための課題

1．旧教育基本法と新教育基本法を読み比べ（巻末資料を参照），そのちがいについて考えてみよう。
2．私たちの身の回りには，どのような教育上の差別，不平等があるだろうか。また，そうした差別，不平等をなくすために，どのような教育および教育法制の改革が求められるのか，考えてみよう。

注

1）民衆の側に教育要求がなかったわけではない。すでに江戸時代には，支配階層子弟の教育機関である藩校のほかに，産業や商業の発展を背景として，民衆の読み・書き・算の知識，技術への要求が高まり，自主的な教育・訓練の場としての寺子屋が全国各地につくられていた。

2）1900 年の小学校令改正により尋常小学校 4 年に統一され，授業料無償制が導入された。続く 1907 年の小学校令改正により義務教育年限は 6 年に延長された。

3）戦前日本の公教育制度も，当初の受益者負担の時期を除けば，義務制・無償制という特徴を備えていた。しかし，世俗性については，天皇の神格化と国家神道を基盤とする道徳教育の徹底が図られており，前近代的な要素を色濃くもっていた。

4）絶対主義的権威からの人間の解放と平等の実現を訴えて，近代市民革命の思想的基礎をつくったルソーにとって，教育は社会からの要求に従ってではなく，子どもが生来もっている自然性を尊重して行われなくてはならないものであった。

5）文部省は，1946 年 10 月に教育勅語の学校での奉読，神聖なものとしての取扱いを禁止する通達（「勅語及び詔書等の取扱いについて」）を発出した。しかし，当時の政府，国会には教育基本法の公布・施行後も，教育勅語を教育の基本方針として位置づけようとする動きがあったため，1948 年 6 月には衆議院で「教育勅語等排除に関する決議」，参議院で「教育勅語等の失効確認に関する決議」がなされた。

6）宗教上の組織若しくは団体の使用，便益若しくは維持のために，公金その他の公の財産の支出及び使用を禁じた日本国憲法 89 条を参照。

7）この点，旧教育基本法 5 条の規定は「教育上男女の共学は，認められなければならない」と消極的であり，男女共学は徹底されなかった。

8）戦前も，女子が例外的に大学入学を許可されることはあった。

9）日本国憲法 98 条 2 項は，「日本国が締結した条約及び確立された国際法規は，これを誠実に遵守することを必要とする」と定めており，条約は特別な立法措置を経ずとも，国内法としての法的拘束力を有するとするのが憲法学の通説である。

10）子どもの権利条約が適用される「子ども」は，18 歳未満のすべての者と定義されている（1 条）。

11）政府は，子どもの権利条約の批准によって，新たな法体制や立法を行う必要はないという姿勢を一貫して保持しているが，自治体レベルでは現在までに 50 近くの「子ども（の権利）条例」が制定されている。

12）ただし，不登校の子ども，保護者，フリースクール関係者からの要望が強かったフリースクールでの学習を正式な義務教育として認めるには至らず，また，家庭への経済的支援については，附則にて，速やかに検討を加え必要な措置を講ずべきことを政府に課すにとどまった。

引用・参考文献

兼子仁（1978）『教育法〔新版〕』有斐閣
木附千晶・福田雅章／DCI 日本監修（2016）『子どもの権利条約ハンドブック』自由国民社
ケネス・ハウ／大桃敏行・中村雅子・後藤武俊訳『教育の平等と正義』東信堂
コンドルセ／阪上孝編訳（2002）『フランス革命期の公教育論』岩波書店
今野健一（2006）『教育における自由と国家―フランス公教育法制の歴史的・憲法的考察』信山社
日本教育法学会編（2014）『教育法の現代的争点』法律文化社
堀尾輝久（1992）『現代教育の思想と構造』（同時代ライブラリー）岩波書店
――（2002）『いま，教育基本法を読む―歴史・争点・再発見』岩波書店
山住正己（1987）『日本教育小史―近・現代』岩波書店
ルソー／今野一雄訳（1962～64 年）『エミール』（上）（中）（下），岩波書店

第2章
国と地方の教育行政

第2章では，教育行政を所管する組織の仕組みや権限などを，教育行政の歴史もふまえつつ取り扱う。まず 1 において日本における教育行政の歴史を概観したのち，2 では文部科学省を中心に国レベルでの教育行政および教育政策決定のあり方を，3 では自治体レベルでの教育行政を担う教育委員会について，その機構と権限をみていくこととする。

1 日本における教育行政の歴史

本節ではまず，日本における教育行政の歴史を概観する。日本における教育行政の起源をどこに求めるかはむずかしい問題であり，今日，自治体内に1校しか小学校が存在しないところでも初等教育行政が成立することに鑑みれば，江戸時代の昌平坂学問所や各藩の藩校は言うに及ばず，空海の綜芸種智院など「公共性のある教育機関あるところ教育行政あり」で1200年以上遡ることも可能である。しかし本節ではそこまで長く時代を遡ることはせず，主には戦後日本における教育行政の歴史を簡潔にみていくことにしたい。

（1）戦後初期の教育行政

1871年に文部省が設置された戦前の日本では，1886年に4年制の義務教育が導入され，1907年にはこれが6年制へと延長された。20世紀はじめの段階で義務教育の就学率は早くも90%を超え，こうした教育の目覚ましい発達は大正時代の“デモクラシー”の担い手を育むことにも寄与した。しかし，その後教育は次第に軍国主義を強化するものへと傾き，国民の思想を強力に統制していくための大きな“武器”となった。こうした，とくに昭和戦前の反省をふまえ，戦後の教育そして教育行政は政治や一般行政からの独立性，専門性を重視して再構築された。中央集権的な行政を改め，教育の第一義的な責任は学校および地方がもつこととされた。住民統制を尊重した地方自治と一般行政からの教育行政の独立を軸とした公選制の教育委員会制度が，1948 年の教育委員会法によって成立した。教育行政は教育条件整備を担うものという意識が強く，教育内容への教育行政の関与はきわめて限定的であったといえる時代である。

（2）任命制教育委員会制度への転換と「46 答申」

こうした戦後初期の教育のあり方はしかし，いわゆる「逆コース」と高度経済成長のなかで見直されていくことになる。1956 年，「地方教育行政の組織及び運営に関する法律」が制定され，教育委員会はそれまでの公選制から任命制へと改められた。教育行政の中央集権化が進められ，文部大臣から自治体教育委員会への指揮監督権の設定，勤務評定の実施などを通じて，「指導助言」の名の下での上意下達の中央－地方関係が形づくられていった（荻原 1996）。

こうした 1950 年代半ばからの中央集権化された教育行政構造のあり方を踏襲し，それに基づく学校組織のあり方の方向性を示したものとして 1971 年の中央教育審議会（以下，中教審）答申「今後における学校教育の総合的な拡充整備のための基本的施策について」（いわゆる「46 答申」）があげられる。同答申においては「各学校が，校長の指導と責任のもとにいきいきとした教育活動を組織的に展開できるよう，校務を分担する必要な職制を定めて校内管理組織を確立すること」が掲げられており[1)]，これ以降，学校組織の階層化および校内管理体制の確立に向けた施策が展開されていくこととなる。

（3）「臨時教育審議会」と生涯学習体系への移行

その後，1970 年代の二度のオイルショックなどにより高度経済成長期は終焉を迎え，中央集権型の教育行政システムにも批判的な目が向けられるようになる。同時に，世界では新自由主義と呼ばれる改革が叫ばれるようになり，日本の教育行政においてもそれは例外ではなかった。

1982 年 11 月に首相に就任した中曽根康弘は，教育を扱う首相直属の諮問機関として1984年に臨時教育審議会（以下，臨教審）を設置，教育における「戦後政治の総決算」に乗り出した。臨教審についてはすぐに具体的な成果を上げられたわけではなく，中曽根自身もこれを「失敗だった」と回顧している（渡部　2006：11頁）が，その後の教育政策に影響を与えた提言も少なくなく，その答申からはむしろ1990年代以降の教育政策の土台になったという側面も見て取ることができる。

4次にわたる臨教審の答申に記された事項のなかで，その後の教育政策の展開，その後の教育行政のあり方にとりわけ大きな影響を与えたものとして「生涯学習体系への移行」をあげることができる。成熟した社会における人々の生涯を通じた営みとして教育を考える視点は，公的な教育機関である学校を舞台とした教育と学校外での大人のための教育である社会教育とに二分して捉えていた教育の見方を根本から問い直し，その後の教育政策全般に通底する視点としての「生涯学習」概念を浮かび上がらせることとなった。学校教育もまた生涯を通じた連続した学びのなかの一部分として捉えるという視点が台頭し，これはその後の教育改革の基本を成す考え方となっていったのである。

（4）そして行政改革の時代へ

そして1990年代も半ばごろになると，時代は「55年体制」の崩壊に始まる政治変動の時代となり，同時にさまざまな行政改革が試みられるようになった。さらに，情報通信技術の発達は諸外国との距離を大きく縮め，グローバル化の進展は「世界の中の日本」を意識する機会の大幅な増大をもたらした。複雑化・多様化する社会への対応をめざした改革がさまざまに試みられ，それは教育の分野においても例外ではない。詳細は本章2以降で述べていくこととするが，従来の枠組みでは捉えきれない事象が教育行政においてもさまざまに表れてきている。「絶え間ない改革の時代」といっても過言ではない時代が今日では到来しているといえる。

（5）自治体教育行政の理念

このように社会が目まぐるしく移り変わってきた一方で，自治体教育行政のあり方に目を向けたとき，そこにはいつの時代にも変わらぬ「普遍の要素」を見いだすことができる。

自治体教育行政を担う機構として，都道府県および市区町村には独立の行政委員会である教育委員会が設置されている。教育委員会が独立の行政委員会として置かれていることの理由としては，大きく以下の２つの点をあげることができる。

１点目は，教育政策の安定性・継続性を保つためである。もし教育行政の職務権限が首長の下にあるとなれば，首長が変わるたびにその自治体の教育政策の方針が大転換を繰り返すことも考えられることになる。数年おきに大きな方針転換を繰り返す教育政策では安定性・継続性の観点から大きな問題があろう。そのため，独立の行政委員会である教育委員会が自治体の教育行政を担っているのである。

２点目は，教育の政治的中立性を保つためである。独立の行政委員会である教育委員会が所掌することで，自治体教育行政がその時々の政治に左右される懸念を大幅に減じることが可能となる。教育行政が政治的に中立であり続けるためにも，これを独立の行政委員会である教育委員会が所掌することは大きな意味があることといえる。

さまざまな行政構造改革の波に飲まれながらも，自治体教育行政は一貫して独立の行政委員会たる教育委員会が担ってきた。このことが示す不変・普遍の理念を，ここで確認しておくことにしたい。

以上をふまえつつ，続く**2**では国レベル，**3**では自治体レベルでの教育行政の仕組み・機構について，順番にみていくことにしたい。

2 文部科学省の仕組みと国の教育政策形成における文部科学省の位置

本節では，国レベルでの教育行政の所管官庁である文部科学省（以下，文科省）の事務と，国レベルにおける教育政策決定のあり方，およびそのプロセスにおける文科省の位置や役割の変化について，1990年代末ごろからの行政構造改革とも絡めながら扱っていく。

（1）文部科学省の役割と機構

中央省庁はさまざまな行政事務を，原理原則としては各省が網羅的かつ排他的に分担して担当している。どの所掌範囲にも含まれない「漏れ」を生まず，かつ最終的な責任の所在がどこに属するかをはっきりさせるための仕組みである。

このなかで，教育行政については文科省が所管官庁としてその事務を担っている。文科省の任務を定めた文部科学省設置法第3条の条文は以下のとおりである。

「文部科学省は，教育の振興及び生涯学習の推進を中核とした豊かな人間性を備えた創造的な人材の育成，学術及び文化の振興，科学技術の総合的な振興並びにスポーツに関する施策の総合的な推進を図るとともに，宗教に関する行政事務を適切に行うことを任務とする。

2　前項に定めるもののほか，文部科学省は，同項の任務に関連する特定の内閣の重要政策に関する内閣の事務を助けることを任務とする。

3　文部科学省は，前項の任務を遂行するに当たり，内閣官房を助けるものとする。」

そして，具体的な条文の記載は省略するが，続く同法第4条では，文科省の所掌事務が全93項目にわたって記載されている。

文科省は英語で表記すると *Ministry of Education, Culture, Sports and Science Technology*，各単語の頭文字をつなげるとMECSSTとなり，同音であるMEXTが文科省を示す略語として用いられる。これらからわかるように，文科省の担う事務は大きく教育・文化・スポーツ・科学技術の4分野に分けられることとなる[2)]。2020年4月1日時点での文科省の組織図は図2.1に示すとおりである[3)]。

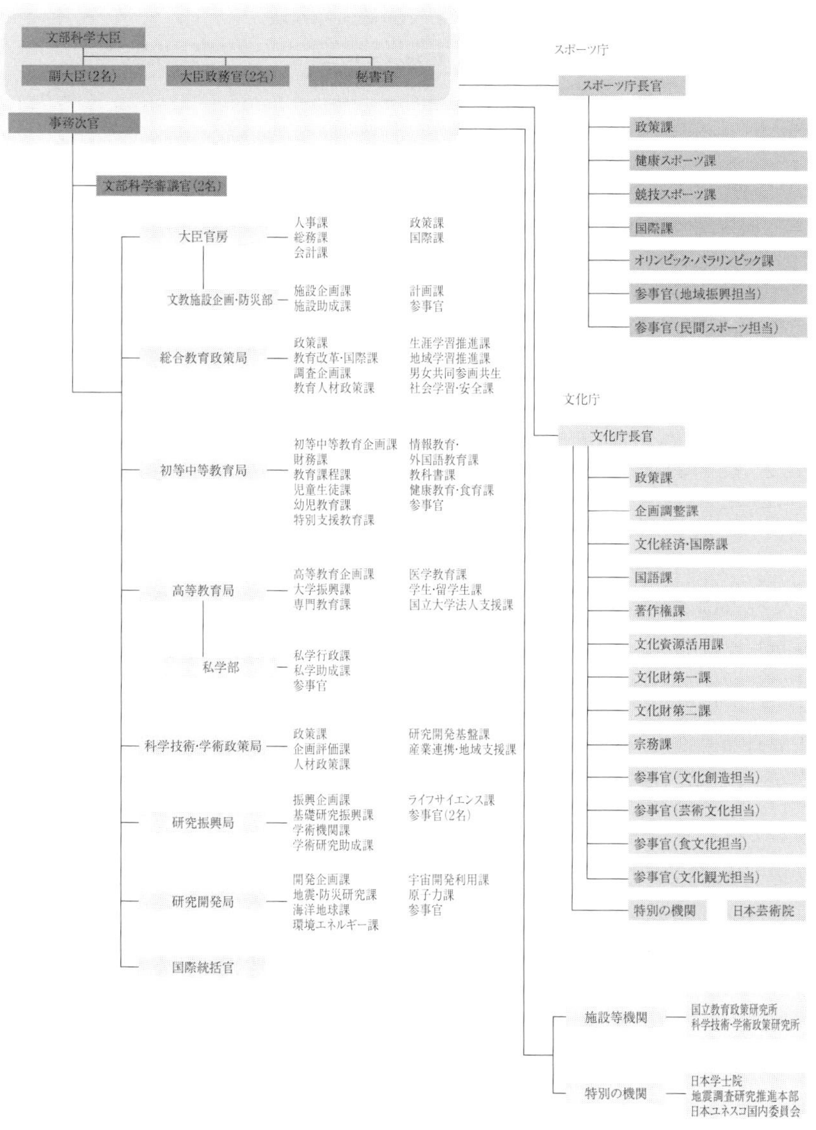

図 2.1　文部科学省の組織図（2020 年 4 月 1 日現在）

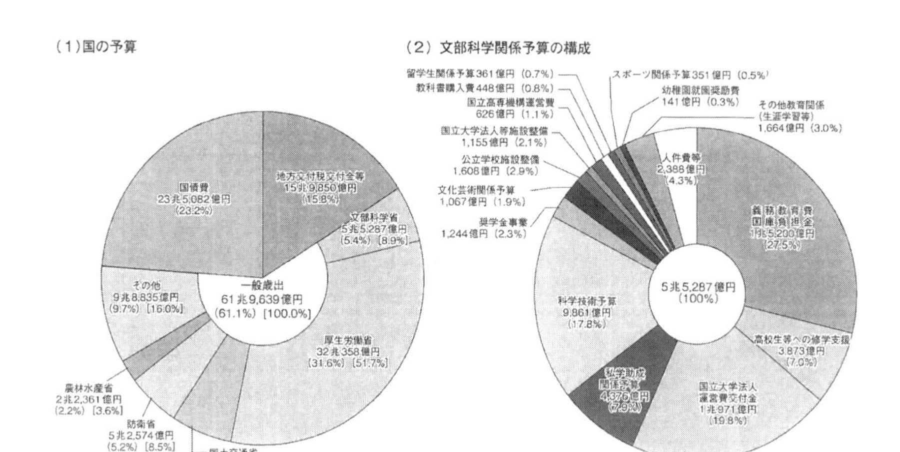

図2.2　文部科学省の予算と義務教育費国庫負担制度　2018年度の国家予算に占める文部科学省の予算の割合（左図）および文部科学関係予算の内訳（右図）を示したものである。
出所）文部科学省『令和元年度　文部科学白書』

文科省は2001年1月の中央省庁再編によって，それまでの文部省と科学技術庁とが統合されて誕生した。再編前の文部省は教育・文化・スポーツの各分野，科学技術庁は科学技術に関する行政事務を所掌していた。文化については文部省当時から外局として文化庁がおかれていた[4)]ほか，スポーツについても2015年10月に外局としてスポーツ庁が設置されている。文科省の担う役割としては教育に関する行政事務がまず想起されがちであるが，東京2020オリンピック・パラリンピック開催に関する事務など，教育以外の分野のウェイトも今日では従前より高まってきている。

図2.2左のグラフからは，国の歳出全体のうち5％程度を文科省の予算が占めていることがわかる。つぎに，図2.2右のグラフすなわち文科省の予算の内訳をみてみると，最大の費目は義務教育費国庫負担金であり全体の30%弱，続いて国立大学法人運営費交付金が20%程度，科学技術予算が約18%となっている。このうち最大費目である義務教育費国庫負担金に関し，その制度について以下詳述する。

義務教育費国庫負担金とは，義務教育費国庫負担法の定めに基づき公立義務教育諸学校に勤務する教職員の給与の一部を国が負担する，その国の負担分に充てられる国庫補助金のことである。

学校教育法第５条が定める，いわゆる「設置者負担主義の原則」に基づけば，市区町村立各学校の教職員は市区町村で採用・雇用し，その給与は各学校の設置者である市区町村が負担することになる。しかし，市区町村によって財政力には差があり，また自治体によっては学校数が数校程度しか設置されていないところも少なくないため，給与の格差が発生するのを防ぐことやある程度広域での人事異動を行うことなどを目的として，市区町村立学校の教職員であっても採用・雇用は基本的に都道府県単位で行われ，その給与も都道府県が負担することとされている[5)]。このように，市区町村立の学校に勤務する教職員の給与を都道府県が負担する仕組みを「県費負担教職員制度」という。

しかし，市区町村ほどの格差はないにせよ，都道府県においても財政力には格差があり，場合によっては，この教職員給与の負担が都道府県にとって過大な負担となることも考えられるほか，都道府県によって教職員の給与に差がつくことになれば，学校教育の水準が都道府県によって異なる事態が生じることにもなりかねない。こうした事態の発生を防ぎ，全国レベルでの学校教育の水準維持と機会均等を主な目的として，都道府県が負担する公立義務教育諸学校の教職員給与の一部は国から支出することとされている。この制度が「義務教育費国庫負担制度」と呼ばれ，国が支出する部分の費目が文科省予算の内訳にあった「義務教育費国庫負担金」と呼ばれるものである。負担割合について，かつては国が２分の１を負担していたが，2006 年度からは国の負担割合は３分の１に変更されている。

（2）「三位一体の改革」と 2000 年前後の行政構造改革

上述の義務教育費国庫負担制度における国の負担割合の変更は，「三位一体の改革」と呼ばれる 2000 年代はじめの行財政改革のなかで行われたものである。

「三位一体の改革」は，小泉純一郎内閣下において行われた地方分権改革の具体策の１つであり，「中央から地方へ」のスローガンのもと，①国から地方への約３兆円の税源移譲，②地方交付税の見直し，③約４兆円の国庫補助金削減を一体のものとして行い，地方自治体の財政の自由度を高めることをねらいとしたものである[6)]。このなかで，とくに③の「国庫補助金４兆円削減」にかかわって，国庫補助金のなかでも金額の大きな費目であった義務教育費国庫負担金がいわば「狙い撃ち」にされたとされる（小川　2010a：64-66頁）。

この義務教育費国庫負担制度における負担割合の変更のほかに，いわゆる地方分権改革に伴う教育行政上の変化としては，たとえば以下のようなものがある（小川　2010b：55頁）。

ⅰ）教育長任命承認制の廃止
ⅱ）教育委員会に対する文部大臣の指揮監督権の廃止
ⅲ）学齢簿編成・就学校指定に関する事務の自治事務化
ⅳ）学級編制基準の設定・許可に関する事務の自治事務化
ⅴ）学校法人認可事務の法定受託事務化
ⅵ）私立学校振興助成法関係の監督上必要な措置を講ずる事務の法定受託事務化
ⅶ）産業教育振興法をはじめとする負担金・補助金関係事務の法定受託事務化
ⅷ）教科書の発行に関する臨時措置法の関連事務の法定受託事務化

これらは「三位一体の改革」より前，1999年に成立した「地方分権一括法」に基づく地方自治法改正と，それに伴う機関委任事務の廃止によるものである。

機関委任事務とは，本来であれば国で行うべき事務の執行を，都道府県や市区町村を国の「出先機関」と位置づけ上下関係に基づいて委任する仕組みである（新藤　2002：215頁）。これが先述の「地方分権一括法」により廃止され，国が本来行うべき事務を自治体が代わって執行するものの，上下関係に基づく委任ではなく水平関係に基づく委託－受託へと改められた「法定受託事務」と，国は関与せず自治体が単独で行う事務である「自治事務」とに改められた。こうした法定受託事務に伴う教育行政上の主な変化が上記のⅰ）～ⅷ）の各項目である。このうちⅲ）により市区町村単位での学校選択制の導入が促進され，ⅳ）によって都道府県あるいは市区町村単位での少人数学級編制が可能となった。

こうした，「中央から地方へ」（あるいは「国から地方へ」）を合言葉に進められた地方分権改革とほぼ時を同じくして，「官から民へ」を合言葉に進められた行政構造改革として規制緩和改革がある。教育行政における規制緩和改革の例としてあげられるものが「構造改革特別区域研究開発学校設置事業」，いわゆる「教育特区」事業である。これは，「地域の実態や特色を生かした学習指導要領等によらない教育課程の編成・実施」に対する自治体からの要望を国が認めた場合，そうした教育課程の編成・実施を可能とするものである[7)]（押田 2014：20 頁）。この「教育特区」事業により可能となった施策として，たとえば株式会社立学校の設置や，小学校段階からの早期英語教育導入などをあげることができる。

（3）国の教育政策決定過程とその変容

こうした地方分権改革や規制緩和改革，とりわけ規制緩和改革が進められた背景として，中央省庁再編による内閣機能の強化をあげることができる。

中央省庁再編前の教育政策決定過程は，自由民主党（以下，自民党）文教族と文部省との緊密な関係に基づく一体的なプロセスに特徴づけられる。自民党内には各省庁に対応した政務調査会の部会がおかれ，文部省の時代には「文教部会」が設けられていた（現在では文部科学省に対応するものとして「文部科学部会」が設置されている）。また，歴代の文部大臣経験者などで構成される「文教制度調査会」も設けられ，こうした政務調査会の部会などで教育の分野を中心に活動する，「文教族」と呼ばれる族議員が中心となって党内での政策形成が行われてきた。政務調査会で取りまとめられた法律案・政策案などは次いで党総務会で審議され，その承認が得られると法律案として国会に提出される，という過程をたどる（小川　2008：29-30 頁）。いっぽう，現在の文科省には常設の大臣諮問機関として中教審がおかれ，重要施策の方針等について審議が行われている。文部省当時，常設の審議会は中教審以外にも教育課程審議会や生涯学習審議会などさまざまなものが設置されていたが，省庁再編により文科省となってからは，中教審の内部でいくつかの部会に枝分かれする形となっている。省庁再編前においては，文教族を中心とする自民党での政策決定と，中教審などの審議会を通じた文部省での政策形成とが両輪となって教育政策が推し進められるという特徴を有していたとされる（ショッパ　2005）。

これに対し，2001 年の中央省庁再編後の教育政策決定過程にはさまざまな変化がみられる。その大きな要因は，「内閣機能強化」を目的として行われた，内閣府の設置とその内閣府に設置される首相直属諮問機関の存在にある。

内閣府は中央省庁再編の際，ほかの省庁よりも一段上に位置づけて省庁間の総合調整を担うことを大きな目的として設置したものであり，その時々の重要施策を先導する特命担当大臣もここにおかれることとされた。内閣府各機関への他省庁からの参加メンバーは財務省や総務省，経済産業省といった総括官庁が占め，中央省庁間のパワーバランスを大きく変化させるものになったとされている（小川　2008：34 頁）。

内閣府はその設置自体もさることながら，そのなかに設けられる首相直属諮問機関の政策決定におけるイニシアティブの強さも注目されるものである。とりわけ中央省庁再編直後に大きな影響力を発揮した会議体としては経済財政諮問会議があげられる。経済財政諮問会議は中央省庁再編直後の 2001 年 4 月に発足した小泉内閣において，予算編成をはじめ重要政策の議論の中心の場となる役割を果たした会議である（内山　2007）。教育においても，経済財政諮問会議において基本方針が決定され，その方針の下で文科省が半ば受身的に対応するという政策決定の過程が少なからずみられるようになった。先述した義務教育費国庫負担制度における国の負担割合の変更もその一例としてあげられるものである。

このように，従前は文教族を中心とした自民党と文部省との政官関係のなかで大部分を描くことのできた教育政策決定過程であるが，21 世紀に入り，内閣機能の強化，政治主導の強化のなかでそのプロセスには大きな変化が表れてきた。小泉内閣時の経済財政諮問会議のイニシアティブに続き，第1次安倍内閣においては教育に特化した首相直属の会議として「教育再生会議」が設置され，2009年からの民主党政権時においても大臣・副大臣・大臣政務官の「政務三役」による政治主導での政策決定がなされた。さらに，再度の政権交代となった2012年の第2次安倍内閣以降では，首相直属の「教育再生実行会議」が設けられているほか自民党内にも「教育再生実行本部」が設けられ，その変容は一層大きなものとなっている。法制度上，文科省は教育行政の所管官庁としての地位を今日も保持しているものの，教育政策決定過程におけるその影響力の強さは従前に比べ大きく弱体化していることが指摘できる。

(4) 教育行政における文部科学省以外の省庁のかかわり

本節の最後に，文科省以外の省庁の教育行政へのかかわりについて簡単に付言しておきたい。

ここまでみてきた行政構造改革の影響のみならず，教育行政事務の複雑化・多様化それ自体もまた文科省のプレゼンスを従前よりも低下させる一因となっている。たとえば，「幼保一元化」が唱えられ保育・就学前教育の一体化が図られる今日においては，そうした分野に対する厚生労働省（以下，厚労省）のかかわりが強くなっている。また厚労省の教育行政へのかかわりでいえば，学校教育と職業生活との接続を考えるキャリア教育の展開もまた見逃せないところである。さらに，産学連携では経済産業省のかかわりもみられ，教職員定数をめぐる財務省と文科省との折衝は予算編成過程において毎年のように注目されるできごとである。そのほかにも，教育におけるICT機器の活用や「地方創生」と教育との関連など，教育におけるほかの省庁が所管する事務との関連事項も増大している。このような教育の内容にかかわる側面の多様化・複雑化もまた教育行政への他省庁のかかわりが増加する一因となっている。こうした面からも，「教育＝文科省」の図式は一面では正しく，一面では正しくない現状が指摘できるといえる。

3 教育委員会の機構と権限

本節では，都道府県や市区町村すなわち自治体レベルでの教育行政を担う組織である教育委員会について扱う。教育委員会については2014年にこれを規定する「地方教育行政の組織及び運営に関する法律」(以下，地教行法) が改正され，同改正法が施行された2015年4月よりその機構に大きな変化が生じたが，本節ではまずそれ以前の教育委員会の機構および事務について整理したのち，2000年代に入ってからの所掌事務の変化，そして2015年4月以降の機構について取り扱うこととする。

(1) 狭義の教育委員会／広義の教育委員会

教育委員会について記すうえで，まずふれておく必要があるのはその言葉がさす2つ（ないし3つ）の対象についてである。

都道府県庁や市区役所・町村役場を訪れたとき，庁舎案内に「教育委員会」の文字を見つけるのはむずかしいことではない。その具体的な規模はさまざまであり，役場の1室が割り当てられているだけの場合もあれば，1つのフロアが丸ごと教育委員会のフロアになっているような場合もある。いずれの場合においても，そこには職員が常駐し，日夜，自治体の教育行政事務に当たっている姿を目にすることができる。こうした，都道府県なり市区町村の職員が配置されている，役所内に部屋が設けられているのは教育委員会の「事務局」と呼ばれる組織である。

これに対し，5名を標準とする「教育委員」が任命され，月に数回程度集まって会議を行う合議体の組織もあり，こちらも「教育委員会」と呼ばれる。この合議体の「教育委員会」は「狭義の教育委員会」と呼ぶことのできる，「教育委員会」という言葉がさす具体的な対象の1つであり，この狭義の教育委員会に先述の教育委員会事務局を加えたものが「教育委員会」という言葉の指す，「広義の教育委員会」とも呼べるもう1つの対象である。さらに，教育委員会事務局単独で「教育委員会」と呼称する場合もあり，同じ「教育委員会」という言葉でも，それがさす具体的な対象は都合2つないし3つのものが

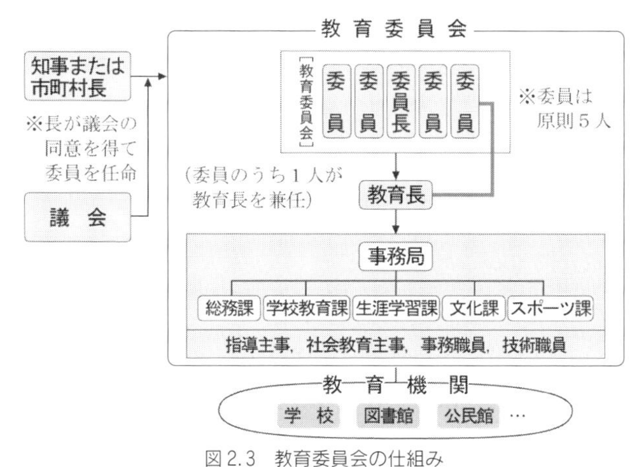

図2.3　教育委員会の仕組み
出所）文部科学省『平成19年度文部科学白書』

あることになる。

このうち「狭義の教育委員会」すなわち標準5名の教育委員からなる合議体の組織において，会議を主宰し委員会の代表となる「教育委員長」という職位が2015年の制度改正以前にはおかれていた。この教育委員長は教育委員会を代表する立場である一方で身分としては非常勤であったが，教育委員長のほかに常勤であり教育委員会事務局のトップである「教育長」という職位も設けられており，教育長は教育委員長ではない教育委員のうちの1名が兼任していた。こうした教育委員会の仕組みを図示したものが図2.3である。

（2）教育委員会の法制度上の規定と職務権限

教育委員会は，地教行法第2条において「都道府県，市（特別区を含む。以下同じ。）町村及び第21条に規定する事務の全部又は一部を処理する地方公共団体の組合に教育委員会を置く」と定められており，原則としてすべての都道府県および市区町村に設置が義務づけられている必置の行政委員会である。その職務権限は地教行法第21条に定められており，大きく教育・スポーツ・文化の3分野を所掌している。このうち教育では学校教育のみならず，青少年教育や女性教育，公民館事業といった社会教育もまたその職務に含まれている。

いっぽう，地教行法第22条では地方公共団体の長の職務権限として以下の事務の管理・執行をすることが明記されている。

> 一　大学に関すること。
> 二　幼保連携型認定こども園に関すること。
> 三　私立学校に関すること。
> 四　教育財産を取得し，及び処分すること。
> 五　教育委員会の所掌に係る事項に関する契約を結ぶこと。
> 六　前号に掲げるもののほか，教育委員会の所掌に係る事項に関する予算を執行すること。

上記の第六号の記載からわかるように，予算執行の権限は地方公共団体の長にあり，教育委員会が議会の承認を経ずに単独で予算執行することはできない点には注意が必要である。

（3）2007年の地教行法改正

話題を2014年の地教行法改正に移す前に，2007年の地教行法改正について簡単にふれておくことにしたい。

2007年6月，地教行法が改正された。この改正における大きな変化は，それまで教育委員会の職務権限とされてきた事務の一部を地方公共団体の長の側，いわゆる首長部局に移動することを可能とした点である。具体的には，「学校体育に関することを除くスポーツに関する事務」「文化財保護に関することを除く文化に関する事務」の2つが首長部局で管理および執行することが可能となった事務である[8)]。この改正に至る経緯としては2005年1月に中教審の教育制度分科会地方教育行政部会から出された部会まとめ「地方分権時代における教育委員会の在り方について」[9)]があげられる。このなかで「文化，スポーツ等に関する事務については，基本的には教育委員会の担当とすることの利点が大きいものと考えられるが，地方自治体の実情や行政分野の性格に応じ，自治体の判断により，首長が担当することを選択できるようにすることを検討すべきである」ということが提言された。この提言を受け，先述した2007年6月の地教行法改正が行われたのである。

このときの地教行法改正において，首長部局への移管が可能とされたのは学校体育を除くスポーツと文化財保護を除く文化の事務であるが，実際には社会教育に関するより幅広い事務が首長部局によって補助執行されている事例がみられることが指摘されている（大桃　2010：26頁）。国レベルで文科省のプレゼンスが相対的に低下している状況が見受けられるように，自治体レベルにおいてもまた，従来は教育委員会が担ってきた職務権限の縮小傾向がみられることになる。

なお，2007年6月地教行法改正ではこのほかにも，都道府県教育委員会事務局の設置規定に準じた市区町村教育委員会事務局への指導主事の配置や，教育委員会の所管する事務についての毎年の点検・評価を実施し，その結果報告書を議会へ提出・公表することが定められている（大畠　2015）。

（4）2014年の地教行法改正

続いて，およそ60年ぶりの大きな教育委員会制度改革となった2014年の地教行法改正をみていく。

この改正に至る大きな契機となった出来事として，2011年10月に滋賀県大津市で起こった中学生のいじめ自殺事件がある。この事件における同市教育委員会の対応が問題視され，2012年末の第2次安倍内閣発足によって教育委員会制度のあり方を根本から見直す動きが本格化した（村上編　2014：2頁）。

制度見直しのなかで，従来の教育委員会制度における問題点としてとくに指摘された点が責任の所在の曖昧さである。先述のとおり，改正前の教育委員会においては，代表して会議を主宰する非常勤の「教育委員長」と，事務局のトップを兼ねる常勤の「教育長」，2人の「長」を冠する役職に就く教育委員が存在していた。この体制が教育委員会における責任の所在を曖昧にしているという批判が上がり，この点の見直しが図られることとなった。あわせて，教育委員会から首長への情報伝達経路にも疑義が示され，教育委員会，あるいは自治体教育行政における首長の関与の度合いを従前よりも強化することもまた企図されるところとなった。

こうして2014年，地教行法は改正され，2015年4月より改正法に基づく新たな教育委員会制度がスタートすることとなった。先述した従前の制度における問題点の裏返しとなるが，この改正におけるポイントは大きく2点あげられる。1点目は新「教育長」の設置，2点目は首長の自治体教育行政への関与の強化である。

1点目の新「教育長」設置について，改正前には教育委員長と教育長，2人の「長」が並置されていたのを改め，教育委員会の代表者たる立場は「教育長」に一本化されることとなった。その任命の手続きについても，改正前は教育委員のなかから教育委員長および教育長が任命され，首長は議会の同意を経て教育委員を任命するまでであったが，改正後は議会の同意は変わらず必要とされるものの，教育委員および教育長を首長が直接任命するように改められた。これにより，教育委員会内での責任の所在が明確化するとともに，首長の教育長任命責任もまた明確化されたこととなる。改正後の新「教育長」は常勤の職であり，会議の主宰，教育委員会の具体的な事務執行の責任者，事務局の指揮監督などを務めることとなった。文字どおり，教育委員会の第一義的な責任者としての「教育長」がおかれることとなったのである。

また，この新「教育長」の任期は3年間とされた。これには首長と任期が一致することを避け，教育長が首長の傀儡（かいらい）と化すことを避ける意図がある。なお，教育長以外の教育委員の任期は従前と変わらず4年間である。

2点目の首長の関与の強化について，具体的な方策としてあげられるのが総合教育会議の設置である。総合教育会議はすべての自治体に設置することとされた，原則として首長が招集し首長と教育委員によって構成される会議体である。当該自治体の教育行政に関する大綱を策定するほか，重点的に講ずべき施策や緊急時に講ずべき措置などが議題として扱われる。大綱の策定は首長が最終的な権限を有することとなり，自治体の教育政策決定における首長のリーダーシップが強化されたことになる。また，首長と教育委員とが当該自治体の教育政策について協議する場が設けられることで，首長－教育委員会間での方向性の一致もまた行いやすくなったということができる。

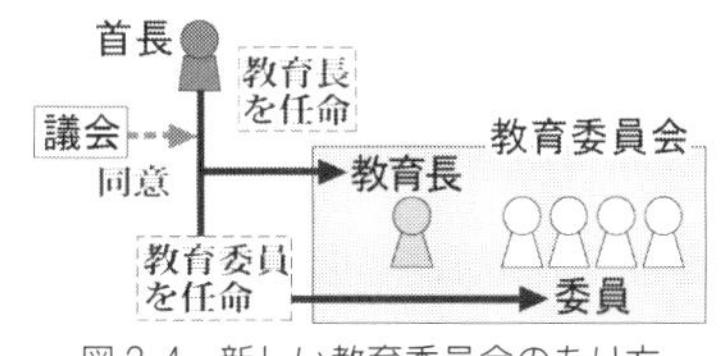

図 2.4　新しい教育委員会のあり方

こうした新しい教育委員会のあり方を示したものが図 2.4 である[10)]。

なお，この地教行法改正に際し，当初は首長を地方教育行政の責任者として位置づける方向で議論が行われていた。しかし，中教審での審議や与党協議を経て，教育委員会の合議制執行機関としての性格は維持されることとなった（村上編　2014：68 頁）。首長に過度に権限を集中させることへの懸念からなされた結論づけであるが，政治主導・官邸主導が強化されてきた今日においても，中教審や与党での協議，いうなれば文科省や自民党の政策決定過程における影響力が一定程度保たれていることをうかがえる結果となったことがいえる。

また，2014 年改正地教行法が施行されたのは 2015 年 4 月 1 日のことであるが，この改正法施行により全国の都道府県および市区町村教育委員会がすべて同時に新「教育長」体制へと移行したわけではなく，施行日時点で教育委員としての任期が残っている従来の教育長は，その教育委員の任期満了まで旧法下の教育長として在職し，その間は教育委員長と教育長とが併存する体制が続くこととされた。新「教育長」体制の下での自治体教育行政は文字どおり緒に就いたばかりであり，その真価が問われるのはこれからである。新「教育長」体制の下で自治体教育行政はどう変容していくのか。今後のあり方が一層注目されるところである。

深い学びのための課題

1．2000 年前後からの行政構造改革による国レベルでの教育政策決定過程の変容に関し，政治主導が強化されることの利点および問題点について考察しなさい。
2．2014 年の地教行法改正もふまえ，自治体教育行政における「教育の政治的中立性」の意義と課題について考察しなさい。

注

1）「46 答申」は文科省ウェブページに全文が掲載されている（http://www.mext.go.jp/b_menu/hakusho/html/others/detail/1318291.htm：2020 年 8 月 18 日最終閲覧，以下 URL 同じ）。

2）「学術」をこれら 4 分野から独立して考え，大きく 5 つの分野に分けられるとする見解もみられる（たとえば前川・寺脇　2017 p.268）。

3）掲載した組織図は文科省ウェブページより転載（http://www.mext.go.jp/b_menu/soshiki2/04.htm）。

4）文部省の外局として文化庁が設置されたのは 1968 年のことである。

5）ただし，独自の予算を確保し，市区町村費負担での教職員を採用している市区町村も少なくない。

6）「地方交付税」は自治体が標準的な水準の行政サービスを維持するために必要な「基準財政需要額」から実際の自治体の収入額の標準である「基準財政収入額」を引いた額を使途を問わず国から当該自治体に交付するもの，「国庫補助金」は使途を指定して国から自治体に交付するものである。

7）この「教育特区」事業は 2008 年度より，独自の教育課程編成・実施を文部科学大臣の指定によって可能とする「教育課程特例校制度」に移行している。

8）これらは地教行法第 23 条に規定されている。

9）この「部会まとめ」は文科省ウェブページに全文が掲載されている（http://www.mext.go.jp/b_menu/shingi/chukyo/chukyo0/toushin/05012701.htm）。

10）文科省ウェブサイト参照（http://www.mext.go.jp/component/b_menu/other/__icsFiles/afieldfile/2015/02/04/1349283_04.pdf#search=%27%E6%95%99%E8%82%B2%E5%A7%94%E5%93%A1%E4%BC%9A%E5%88%B6%E5%BA%A6%E6%94%B9%E9%9D%A9%27）。

引用・参考文献

内山融（2007）『小泉政権―「パトスの首相」は何を変えたのか』中央公論新社

大畠菜穂子（2015）『戦後日本の教育委員会―指揮監督権はどこにあったのか』勁草書房

大桃敏行（2010）「地方分権改革と生涯学習行政の展開」大桃敏行・背戸博史編『生涯学習―多様化する自治体施策』東洋館出版社，19-35 頁

小川正人（2008）「国の教育行政機関と教育政策過程」小川正人・勝野正章『新訂　教育経営論』放送大学教育振興会，27-38 頁

――（2010a）『教育改革のゆくえ―国から地方へ』筑摩書房

――（2010b）『現代の教育改革と教育行政』放送大学教育振興会

荻原克男（1996）『戦後日本の教育行政構造―その形成過程』勁草書房

押田貴久（2014）「自治体発のカリキュラム改革を進める国の施策の展開」大桃敏行・押田貴久編『教育現場に革新をもたらす自治体発カリキュラム改革』学事出版，17-25 頁

L. J. ショッパ／小川正人監訳（2005）『日本の教育政策過程―1970～80 年代教育改革の政治システム』三省堂

新藤宗幸（2002）『地方分権［第 2 版］』岩波書店

前川喜平・寺脇研（2017）『これからの日本，これからの教育』筑摩書房

村上祐介編（2014）『教育委員会改革 5 つのポイント―「地方教育行政法」のどこが変わったのか』学事出版

渡部蓊（2006）『臨時教育審議会―その提言と教育改革の展開』学術出版会

第3章
学校の管理と経営

1 教育委員会による学校管理

（1）教育経営と学校経営

「教育経営」という言葉，学校現場においてもさほどなじみのあるものではなく，「学校経営」とほぼ同義のものとして用いられることもしばしばである。わが国における公立学校経営は，各学校組織においてすべてが自律的に行われているのではなく，教職員定数や人事，学校予算，あるいは教育課程などにかかる文部科学省・教育委員会の定める基準や指導助言に基づいて行われている。たとえば，義務教育段階の公立学校にあっては，教育の機会均等を保障すべく，義務標準法に基づいた学級編制や教職員配置を行うことにより，地域間あるいは学校間における教育環境の格差の発生を未然に防いでいるのであり，また，教育内容に関しても同様に，各学校が編成する教育課程について，最低基準となる学習指導要領を文部科学大臣が公示する仕組みが整えられ，各学校による教育課程の編成・実施については各学校の設置者である教育委員会が管理する。つまり，わが国においては，教育の機会均等保障は教育行政における最大の責務であり，とくに，公立学校における「学校経営」は文部科学省－教育委員会－学校という垂直的な行政系列のなかに位置づけられて成立しているというのが実態である。その営みを包括的に捉えるのが「教育経営」の概念といえる。

（2）教育委員会による学校管理

学校の管理とは，学校を本来の目的に従って維持・運営する作用をいうとされる（平原　1994）。

わが国における「学校」とは，学校教育法第１条に定められるものに加え，専修学校や各種学校があるが，ここでは学校教育法第１条に定められる学校―幼稚園，小学校，中学校，義務教育学校，高等学校，中等教育学校，特別支援学校，大学および高等専門学校―に焦点を当てることとする。

まず，学校の管理は，学校教育法第５条「学校の設置者は，その設置する学校を管理し，法令に特別の定のある場合を除いては，その学校の経費を負担する」との規定に基づき，設置者負担主義・管理主義の原則によってなされる。学校管理権の所在として，学校管理の主体は，国立学校の場合は文部科学大臣，公立大学の場合は地方公共団体の長，公立大学以外の公立学校であれば教育委員会，私立学校については学校法人の理事となる。

つづいて，教育委員会による公立学校の管理について整理する。教育委員会は，以下の法律の規定を根拠とし，必要な規則（学校管理規則）を定めたうえで学校管理を行う。

■地方自治法　第180条の８

　教育委員会は，別に法律の定めるところにより，学校その他の教育機関を管理し，学校の組織編制，教育課程，教科書その他の教材の取扱及び教育職員の身分取扱に関する事務を行い，並びに社会教育その他教育，学術及び文化に関する事務を管理し及びこれを執行する。

■地方教育行政の組織及び運営に関する法律　第33条第１項

　教育委員会は，法令又は条例に違反しない限度において，その所管に属する学校その他の教育機関の施設，設備，組織編制，教育課程，教材の取扱その他学校その他の教育機関の管理運営の基本的事項について，必要な教育委員会規則を定めるものとする。この場合において，当該教育委員会規則で定めようとする事項のうち，その実施のためには新たに予算を伴うこととなるものについては，教育委員会は，あらかじめ当該地方公共団体の長に協議しなければならない。

学校管理の具体的内容については，①人事管理，②物的管理，③運営管理の３領域と考えられる（平原　1994）。以下，それぞれの主な内容をあげ，その特徴について述べる。

①人的管理

校長，教員，そのほか学校職員の任免，服務，懲戒などの人事管理が主な内容となる。

設置者負担主義・管理主義の原則に基づき行われるが，義務教育段階の公立学校（小学校・中学校については市町村が設置義務を有する）教職員の採用・任用に関しては，教育の機会均等保障の理念を背景として人事管理にかかる広域調整を図ることを目的とし，都道府県教育委員会が人事権を有することとされている。つまり，義務教育段階の公立学校の教職員の身分は市区町村職員であり，市区町村教育委員会が服務監督権を有するが，採用・任免などの人事権は都道府県教育委員会が担うということである。さらに，その給与については，ナショナル・ミニマムを確保する視点から，3分の1を国が，3分の2を都道府県が負担することとされている（「義務教育費国庫負担制度」）。

なお，人事権の行使にあたっては，教職員の任命権に加え，給与費負担義務および研修実施義務を伴うが，例外として，中核市については研修に関する実施義務のみが，都道府県から移譲されている。また，政令指定都市については教職員の任命権を有しながらも，給与費負担，教職員定数，教職員配置などにかかる権限は道府県が有していたが，2014年6月に公布された第4次一括法（地域の自主性及び自立性を高めるための改革の推進を図るための関係法律の整備に関する法律）により，政令指定都市における教職員の任命権と給与費負担などにかかる権限の所在の一致が図られた。ただし，これが教育の機会均等を保障する仕組みである県費負担教職員制度の修正であることには留意が必要である。

②物的管理

校地，校舎，校具など学校の施設・設備の管理が主な内容となる。

③運営管理

就学，学級編制，教育計画の作成や教育課程編成・実施，生徒指導にかかわって児童・生徒の懲戒や事故対応，教科書・教材の取扱い，指導要録ほか学校備付表簿の管理などが主な内容となる。

都道府県教育委員会および市町村教育委員会には，地方教育行政の組織及び運営に関する法律（以下，地教行法）第 18 条の規定に基づき，指導主事がおかれる。「上司の命を受け，学校（学校教育法（昭和二十二年法律第二十六号）第一条に規定する学校及び就学前の子どもに関する教育，保育等の総合的な提供の推進に関する法律（平成十八年法律第七十七号）第二条第七項に規定する幼保連携型認定こども園（以下「幼保連携型認定こども園」という。）をいう。以下同じ。）における教育課程，学習指導その他学校教育に関する専門的事項の指導に関する事務に従事する」（地教行法第 18 条第 3 項）ものであり，「教育に関し識見を有し，かつ，学校における教育課程，学習指導その他学校教育に関する専門的事項について教養と経験がある者でなければならない。指導主事は，大学以外の公立学校（地方公共団体が設置する学校をいう。以下同じ。）の教員（教育公務員特例法（昭和二十四年法律第一号）第二条第二項に規定する教員をいう。以下同じ。）をもつて充てることができる」（同法第 18 条第 4 項）ともされている。教育委員会が管轄下の学校の運営にかかる管理を遂行するにあたって，指導主事による学校への指導[1)]は非常に重要であるといえるが，全国における指導主事の配置状況としては，市町村教育委員会では配置率にして平均 6 割程度であり，人口規模が小さい自治体ほど配置率が低くなっているのが現状である。

なお，「指導主事」とは別に，教職員の人事管理を担当する職として「管理主事」をおく場合がある。

(3)「学校の自主性・自律性の確立」をめざした教育改革

このような学校管理をめぐる教育委員会－学校間の関係性を背景として，わが国では，学校の自主性・自律性の確立をめざした教育改革の動向がうかがえるようになって久しい。

1970 年を過ぎると第二次ベビーブームや受験競争の激化などが進み，また，青少年非行や児童・生徒の問題行動の増加が社会問題として取り上げられるようになった。こうした教育事情を背景として，教育改革を文部省（当時）の枠を越えて政府全体の取り組みのなかで進めていくという立場から，1984 年 9 月，内閣総理大臣の諮問機関として臨時教育審議会（以下，臨教審）が設置され，1985 年 6 月から 1987 年 8 月にかけて第一次答申から第四次（最終）答申までの 4 つの答申が提出された。これらに通ずる教育改革の基本的理念は，①個性重視の原則，②生涯学習体系への移行，③国際化，情報化等変化への対応の 3 点に集約されるが，この臨教審答申がその後の教育改革に与えたインパクトに関しては，「臨時教育審議会が総理府に設置され，この審議会が内閣総理大臣の諮問機関であったことにもより，その答申については内閣全体として責任を持って対応することとなり，予算編成にも大きな影響を与えた」（文部省 1992）とされる一方で，必ずしも肯定的ではない評価も存在する。

世取山洋介によれば，臨教審答申以降の教育改革は，「規制緩和による教育の自由化」の段階，「学校の自主性・自律性の確立」の段階，「『出口』管理型の教育行政管理」の段階の三段階に整理されるが，改革理念が徹底して実現されるわけではなく，「ジグザグ状」の展開をみることになったという。すなわち，「規制緩和による教育の自由化」の実施をめざす第一段階では，新しい学力観を提示するとともに，学校体系の多様化をもたらす契機を生み出すことに成功しているものの，「市場」を基礎とする「教育の自由化」については，通学区域の弾力的運用にとどまり，それほど改革が進んでいないこと，そして，第二段階として，「規制緩和」に加えて学校組織に対する統制の仕組みづくりが求められるはずであったが，初等中等教育については，校長の権限強化や学校評議員，学校運営協議会の導入などによって学校を法人に「疑似」する組織として再構成するにとどまったこと，さらに，それぞれの段階の改革が不十分のまま，「『出口』管理型の教育行政管理」への移行を図る第三段階においては，「全国学力・学習状況調査」や学校評価の導入・実施にみられるように，学校の教育活動にかかる評価の仕組みのみがトップ・ダウン的に導入されるに至ったということが指摘されている（世取山 2008）。

また，臨教審答申に基づく改革の実行・進展を妨げた要因の追究を試みるレオナード・ショッパは，臨教審の提示する改革方針について，文部省（当時）や自民党内での対立や日教組などの反対により合意形成に至らなかったということに加え，そもそも教育分野における政策決定の構造が閉じられたものであること―政策課題が「教育下位政府」の内部，すなわち，教育（行政）の当事者・利害関係者・団体といった教育分野内の陣営・勢力の間で狭く包摂されており，改革を強いる教育分野外の陣営・勢力を欠いているという構造的特質―を指摘している（Schoppa 1991＝2005）。

こうしたショッパの指摘は，市場メカニズムの導入を意図することで教育システムの再建を図ろうとした改革理念それ自体に対して評価を行うものではない。内閣総理大臣の諮問機関である臨教審答申に基づく改革であるにもかかわらず，抜本的な改革の断行には至らなかった原因として，改革に対する教育分野内における批判的見解が根強く存在したことをあげているのである。しかし，戦後の学校教育制度を支えてきた理念が，その改革を強いる教育分野外の陣営・勢力が主張する改革理念によって抜本的に覆されることがなかったのは，単に教育（行政）の当事者・利害関係者・団体など教育分野内の陣営・勢力の間で狭く包摂されているためというだけでもないだろう。臨教審答申に基づく教育改革が教育機会の均等を損ない，教育の階層化をもたらすのではないかという危惧や，多様な学校教育の展開を目的として保護者による学校選択の幅を広げることを前提とした教育の自由化により，かえって教育における不平等が拡大されることになるのではないかという批判が成り立つことをふまえれば，教育の機会均等保障と多様な教育ニーズへの応答の両立を図るための手立てとして，「教育の自由化」の導入という改革路線は決して広く説得的なものであったとはいえない。戦後のわが国において，教育の機会均等を保障するために設計された，教育委員会による学校管理の仕組みを維持したうえで，多様な教育ニーズへの応答を図るためにその運用のあり方を見直すという改革の方向性もありえたのではないかと考えられるところでもある。

2 学校組織マネジメント

（1）教員の専門性

わが国においては，児童・生徒の多様な教育要求に応答することは教員の専門性によるものと考えられ，そうした専門性の伸長は，学校管理の課題というより，学校組織経営の課題と捉えられてきたところが大きい。

教員が，子どもの多様な要求に応じた教育を実施できるか否かについては，学校内部の自律性や民主的な学校管理を前提とした教員の「専門職」化の程度に依存すると主張する市川（1966）などの指摘は，Friedsonによる専門職の定義において，その要件の1つに職務の自律性があげられる（橋本　2006）点とも整合的ではある。しかしながら，必ずしも学校内部の自律性が民主的な学校管理あるいは教員間の協働的な取り組みを促進するとは限らない。

「専門職」とは，いうまでもなく高い「専門技術性」を必要とするもので，それゆえに職務の裁量およびその自律性が専門性の維持に欠かせないとされてきた。教員の職務についても例外でなくその裁量および自律性が重視されてきたところである。ただ，一般的に，「専門職」においては，その自律的な「専門技術性」が誤った結果を生じさせた場合（たとえば医師による医療過誤など），外部者による法的あるいは社会的な制裁がなされる仕組みが整備されていることが多いものと考えられるが，教職についてはその限りではない。教員免許の資格水準が低く，その取得が容易であることや，資格があっても採用試験に合格しなければ教員になれないなど資格が実質的に無視されていること，信頼できる教育の知識と技術が確立されていないことを背景としてその「専門技術性」が未確立とみられる（市川　1986：12-13頁）点に加え，教員の職務における「機能的責任」の実態が不明瞭であり，その職務の成果について科学的根拠に基づいた評価・判断をすること自体が困難を極めるところでもあるためである。

こうした教員の職務について，その自律性を担保することは果たして教育上有益であるといえるのか，疑問がないわけではない。しかし，「専門技術性」の高さや，その職務を支える科学的根拠の存在，職務上の過誤に対する外部者による法的・社会的な制裁の仕組みの有無が，職務の自律性の要否を判断する条件のすべてということでもないだろう。教育現場において，子ども・保護者などの多様な教育要求を尊重し，それらへの応答を求められるという教員の職務の特性をふまえるとき，「専門職論の根底にあるメリトクラシー原理は，民主主義社会における大衆教育と矛盾する要素を有している」との主張（同上：23頁）は，ある一定の目標への到達度によって評価・判断される成果を重視することが，かえって多様な教育要求への適切な応答を阻むものとなることを指摘するものとも理解できる。他方で，ショーン（Shön　1983 = 2001）のいう「反省的実践家」としての職務遂行の態様―状況と対話しながらその専門性を発揮するというもの―を支える「状況と対話する思考力」や「自分の実践を複眼的に相対化する省察力」こそが教員の力量の中核として再定義される必要性が指摘される（佐久間　2007：215-216頁）なかで，「考え方や価値が多様化する現代社会においては特に，『国家＝公共』とする前提には大きな危険を伴」い，「教師の自律性を否定すれば，現状を改善するのとは逆に，教員が人格をもった1人の人間として，誠実に子どもや保護者と向き合う営みを妨げる結果をもたらす」（佐久間　2007：217頁）といった論理に基づけば，教職も，職務の自律性を前提とした専門職と見做されるべきであるといえる。佐久間亜紀は，「専門家として自律性をもつことは，権力を付与されることと表裏一体であり，その自律性が公共の福祉に寄与しているかは，専門家同士によって厳しく相互評価される必要がある」とし，「教員の判断や行動の適切さを，事例に即して厳しく検討しあう場を，恒常的につくること」が必要であると主張する（同上：219頁）[2)]。

教員間の「協働」や「同僚性」（=「批判的友人関係」）は，自然発生的かつ自発的に醸成されることによって教員の職能開発に適合的なものとなるのであり，これを義務化する，あるいは行政により合目的的に管理・促進されるような場合，強要的で人工的なものとなってしまう可能性（=「企てられた協働」）がある（Hargreaves　2003）といった見方をもふまえるならば，教員の職務の自律性こそが重要とされてきたことは理解できる。ただ，自然発生的かつ自発的な協働的取り組みの醸成が果たされない場合に，教員の専門性が維持できなくなることについては，いかに対処しうるのだろうか。

(2)「教員間の協働」の規定要因

国内外の学校経営研究において,「教員間の協働」は, 教育成果の改善や職能成長・組織学習という側面から着目されてきたが, とくに, 米国などでは, 学校内部における経営過程の質的分析に基づく「効果のある学校」研究が提示した知見が,「協働的文化」,「専門職共同体」などと概念化され, 児童・生徒の学力や教員の効力感・職務満足度を高めることに寄与することが, 大規模サーベイに基づく量的分析を用いても検証されてきた(Newman *et al.* 1989; Lee *et al.* 1991; Lee *et al.* 1997; Bryk *et al.* 2010 など)。海外の研究における「教員間の協働」に関する言説については, Lavie (2006) によると, ①文化的言説(信頼など専門職的人間関係における文化的特質), ②効果的な学校の文脈における言説(経営者としての校長を中心としたビジョンの統一), ③「共同体としての学校」の文脈における言説(官僚制的な組織としての学校に対置される共同体(親・生徒も含む)としての学校), ④再構成的言説(経営の変革を指向した専門職共同体, 組織的な学習指導), ⑤批判的言説(公式化された協働に対する批判としての, 民主的参加に基づく集団的実践)に整理される。こうした研究上の視点・知見は, 1990 年代末以降の「学力問題」や「格差問題」に対する政策的・学術的関心とも相まってわが国でも積極的に摂取され(鍋島 2003; 志水 2010), 教員間の協働の効果は高く評価されてきたところでもある。しかし, これらの研究は因果メカニズムの点において難点がある。逆の因果関係―成果を生み出している学校ゆえに良好な学校内の人間関係を築くことができる(Gamoran *et al.* 2000)―も考えられることに加え,「教員間の協働」がいかなる環境の下で醸成・維持されるのかといった点はほとんど解明されていないのである。

なぜ, 協働等の醸成を促す要因についての検証がなされてこなかったのか, その理由は定かではないが, 学校をルース・カップリング―専門職としての個々の教員の裁量を尊重する―とする組織観が存在し, 教員間の信頼関係の構築がその前提として捉えられてきたことや, 先述のように Hargreaves (2003) が指摘するとおり,「企てられた協働」への懸念が強く存在してきたことによる影響が大きいとも考えられる。「職務の自律性を前提とした専門職」に関する佐久間（2007）の指摘とも重なるが，いかなる要因によっても規定されないことこそが，教員の協働や同僚性の機能を高めるための重要な要素となるものと考えられてきたというわけである。

（3）学校経営論の変遷と学校管理

わが国の学校経営研究において教員間の協働が重視されるようになったのは，主に学校経営現代化論が展開されるようになって以降のことと考えられる。

河野和清によると，戦後におけるわが国の学校経営は，1980年代後半に至るまでは「福祉国家下における学校経営」と特色づけられ，「教育を受ける権利」の保障に向けて国家が積極的に教育事業を行った時期とされる。そのなかで，1956年の地教行法の制定を境に，1970年代半ばにかけて活発に展開された学校経営近代化論においては，学校経営の民主化よりも経営の合理化や能率化が志向される。この近代化論を主張する伊藤和衛が唱える「重層構造」が特別権力関係を支持することになるとして，民主化論の立場から宗像誠也が「単層構造」を唱えたところに学校経営の重層－単層構造論争の発端がある。しかし，1970年代に入ってからは，学校経営現代化論，すなわち，民主化と合理化をふまえたうえでの「科学化」を志向することが必要とされるようになり，教育の論理をふまえつつ，行政からの高度な自律性を確保した学校経営論（専門職組織論）が高野桂一の主張を契機に展開されるようになった。それが，1980年代後半以降になると，社会経済の変化を背景として，地方分権化や規制緩和を基本原理とした行政改革が行われ，消費者としての保護者の利益に見合った多様な学校経営，すなわち，教員集団を中心とした学校経営論ではなく，「組織外民主化」を前提とした「自律的学校経営論」が展開されるようになるのである（河野　2002：158-162頁）。

こうした学校経営論の変遷を背景として，藤原文雄は，わが国における「協働」論の展開について整理しており，高野が教員間の「協働」について，教員が学校の組織構成員，とくに教員集団のなかにあって，教育目標・経営目標という共通の目標を達成するために，よりよい教育実践をめざして意識と行動を統一に導くよう積極的努力をしている動的状態をさすものであると定義するのに対し，吉本二郎の「協働」論は，教員間における討議が適切な目標の合意形成を果たすプロセスを否定し，学校組織における校長の管理能力とリーダーシップの必要性を論じるものであったと整理する。この点に関しては，吉本に影響を与えたバーナードの「協働」論が，組織目的の達成と組織構成員個人の満足度との差異を重視するものであり，組織の管理職能として，組織構成員の組織への貢献を獲得するための「動機づけ」を重視するものであったことが指摘されている（藤原　1999a・1999b）。

（4）「組織の管理職能」としての校長のリーダーシップがかかえる課題

上記のようなわが国における学校経営研究のみならず，国外での研究成果をもふまえ，教員間の協働を構築する条件について答えを見いだすとするならば，その答えの1つに「校長のリーダーシップ」をあげることができる。

たとえば，Hallinger & Heck（1997）は，校長の2つのリーダーシップ―「指導的リーダーシップ」（各教員の教育活動の改善に対し，指導方法などの面で直接的に作用する）と「変革的リーダーシップ」（学校組織の改善に向けた雰囲気をつくることで各教員による教育活動の改善行動を促すなど，間接的に作用する）―の存在を主張するが，こうしたリーダーシップ論に基づき，わが国でも中留武昭や露口健司らを中心に，「校長のリーダーシップ」が，学校文化の醸成を通して個々の教員の行動に影響をもたらし，学校改善が促進されることを明らかにした研究が多く展開されてきた。

なかでも露口は，Hallinger & Heck（1997）による「指導的リーダーシップ」と「変革的リーダーシップ」に加えて，「分散型リーダーシップ」や「サーバント・リーダーシップ」の概念を紹介する。「分散型リーダーシップ」とは，「組織のトップリーダーへの焦点化は，ミドルリーダーの動きを捨象してしまう」ため，「リーダーシップを1人のリーダーの行動現象というよりも，組織現象（organizational phenomena）として捉える方法がより妥当である」として示されたリーダーシップ論であり（露口　2011a：21頁），また，「サーバント・リーダーシップ」とは，個々の教師の主体性やエンパワーメントをより重視する新しいアプローチであるとされる。こうした校長のリーダーシップに関しては，学校組織における「専門職共同体」の機能，すなわち，教員間の相互作用を重視し協働的に個々の教員の授業力を向上させる点において，これらのリーダーシップが実質的に機能しうることが，教員等を対象とした質問紙調査データの分析に基づき論じられてきたところである（露口　2011b・2013）。

しかし，このように，「校長のリーダーシップ」を教員間の協働の規定要因として捉えることにも問題がないわけではない。

先に述べたように，わが国における臨教審答申以降の教育改革の下では，地域の実態や保護者・地域住民の意向に応じた各学校の多様な取り組みを活性化させる観点から，学校選択を前提とした多様な学校づくり＝「学校の自主性・自律性の確立」がうたわれてきた。そのために実施された策の1つに，学校運営における校長のリーダーシップ強化にかかる制度改正がある。学校の意思決定については，従来より「校長」が行うのではなく「職員会議」が最終的な意思決定機関として機能していた実態が少なからず見受けられたが，この職員会議を校長の「補助機関」として法的に位置づけ（2000年），また，地域の実態や保護者・地域住民の意向に応じた学校運営をめざす観点からは，校長の諮問に応じて学校運営に関して意見を述べる学校評議員を学校に設置することを可能とする法改正（2000年）が行われるなど，校長の学校運営全体に対する最終的決定権限の強化が図られた。しかし，学校運営における校長のリーダーシップを強化し，保護者・地域住民の意向を反映させるための仕組みを整備しても，教員人事や学校予算に関して学校に認められている裁量・権限は，教員の人事異動にかかる校長の市区町村教育委員会に対する意見具申権などごく限られたものであり，学校の自主性・自律性の確立を支える条件としては不十分である。また，学校運営における校長のリーダーシップの強化は，校長−教員間における管理・統制関係を強化することになり，学校の教職員が一丸となって特色ある学校づくりを自主的・自律的に行う環境を整えることにもつながるといえようが，その一方で，学校の意思決定における民主主義を低下させ，個々の教員の職務に対する動機づけを弱めたり，独善的・閉鎖的な学校運営を促したりすることにもなりかねないといった課題も指摘できる。さらに，「校長のリーダーシップ」を支える校長の力量それ自体がどのような環境条件の下で形成されるのか，必ずしも明らかにされてはいない。

この点，勝野正章は，「スクール・リーダーシップは政治的・経済的・社会的環境から隔絶された真空状態の中で生成するものではない」とし，教育改革の下での学校環境の変化がスクール・リーダーシップの「理念と機能にどのように変質をもたらし，どのような矛盾を抱え込ませることになるか」を問う必要性がある（勝野　2012：200 頁）と指摘する。わが国においては，学校への裁量権限の委譲や管理職養成制度の構築が欧米に比べ進んでいないことに加え，学校と教育委員会との間には，学校運営に関する基準設定や指導助言および教員の人事配置などをめぐって密接な関係性が存在しており，そうした制度的環境が学校組織の内部過程を多分に規定している（加治佐　1998）。教員間の協働の規定要因として「校長のリーダーシップ」を捉えるうえで，以上のような制度的環境への考慮は重要であるといえるだろう。

（5）内外事項区分論の再構成

学校組織の内部過程のあり方を検討するにあたり，わが国においては，教育行政の役割は教育を成立させるための条件整備（外的事項）に限定されるべきであり，教育の内容や方法など（内的事項）については教師の自由に委ねられるべきであるとする内外事項区分論が展開されてきたことの影響も看過できない。この内外事項区分論は，宗像誠也が 1950 年代後半に提唱したものであるが，これまでには批判的議論もなされてきた。たとえば，黒崎勲は，内外事項区分論を「教育を無前提に善とし，教育の外からの規制の一切を悪とする論理」であるとし，教育に対する「行政権の関与を斥けて，では外的事項の決定を誰に委ねるというのであろうか」（黒崎　1999：109 頁）と指摘する。また，佐藤修司は，内的事項に関する統制形態を「国家介入型」「専門職主導型」「民衆統制型」「市場選択型」の4類型に整理したうえで,「これら4類型は現実の社会において純粋な形では存在しておらず,複合的な形で現出」しており,区分論についても,「単一の統制形態に帰属するものとしてではなく」,「関連諸主体の関係を調整する原理として位置づけられなければならない」(佐藤 1998:24-25頁)とし,区分論の再構成が課題となると指摘している。たとえば,「専門職主導型」の統制形態は「教師に無制約な自由を付与する」ものではないが,保護者や子ども,住民の教育要求が受け入れられるかどうかの判断は教員に委ねられており,「教師による自由の乱用を防止する方策」としては「国家,公権力の介入の防御が最優先課題とされ,その上で,教師や親,子どもなどの共同的,自治的解決が目指される」にとどまること,また,「教師が教師であるため」の「厳しい自己点検と自己形成への努力」としての「自主研修」も,「教師の職業倫理に期待されるのみであって,法的に強制されるわけではない」ことなどをあげ,「内的事項に関し,教師が自ら執行し,自ら管理・監督する構造になっているばかりでなく,自己の能力管理も教師自らが行うこととなっており,チェックアンドバランスのシステムを欠いている」といった課題があると指摘する。そのうえで,わが国における区分論は,「直接責任の具体的システムが欠如しており,抽象的なレベルにとどまっていることが問題とされるべき」(同上:20-21頁)とし,その具体的方策の1つとして「教師の教育活動を内的事項に,教師の能力管理を外的事項に位置づけること」(同上:25頁)をあげているのである[3)]。

内外事項区分論を提唱した宗像は,「今日どんな国でも,教育行政がただ外的事項の範囲に属する条件整備のみを引受けて,内的事項には統制を及ぼそうとはせず,教育内容について完全に自由放任を許しているところはあるまい」と述べ,実態として教育行政は「民主主義の理想通り」に営まれているわけではなく,「権力の要素を抜きに」考えることはできないと指摘しているが(宗像 1969:10-12頁),たとえば,佐藤の指摘するように,「直接責任の具体的システム」として教育行政による教員の能力管理を位置づけるとき,それは「教員間の協働」あるいは教員の専門性の伸長を促進しうるのか,改めて検証が求められているものといえるだろう。

3 カリキュラム・マネジメント―まとめにかえて―

2017年の学習指導要領改訂のポイントの1つに「カリキュラム・マネジメント」の実現があげられる。「カリキュラム・マネジメント」の定義に関して，中央教育審議会「幼稚園，小学校，中学校，高等学校及び特別支援学校の学習指導要領等の改善及び必要な方策等について（答申）」（2016年12月21日）によれば，「教育課程を軸に学校教育の改善・充実の好循環を生み出す」ものとされ，その機能に関しては，「①各教科等の教育内容を相互の関係で捉え，学校教育目標を踏まえた教科等横断的な視点で，その目標の達成に必要な教育の内容を組織的に配列していくこと，②教育内容の質の向上に向けて，子供たちの姿や地域の現状等に関する調査や各種データ等に基づき，教育課程を編成し，実施し，評価して改善を図る一連のPDCAサイクルを確立すること，③教育内容と，教育活動に必要な人的・物的資源等を，地域等の外部の資源も含めて活用しながら効果的に組み合わせること」という3つの側面があることが指摘されている。

同答申では，「社会に開かれた教育課程」の理念のもと，「学校全体としての取組を通じて，教科等や学年を越えた組織運営の改善を行っていくこと」が求められているとされるが，学校組織における教員間の協働的な取り組みの重要性は以前より指摘されてきたところでもある。ただ，同時に提唱された「主体的・対話的で深い学び」の実現（「アクティブ・ラーニング」の視点）にあたり，「形式的に対話型を取り入れた授業や特定の指導の型を目指した技術の改善にとどまるものではなく，子供たちそれぞれの興味や関心を基に，一人一人の個性に応じた多様で質の高い学びを引き出すこと」が重視されていることをふまえるならば，「カリキュラム・マネジメント」とは，児童・生徒の多様な教育要求に応答するために，学校組織において教員がどのような指導体制を構築するかという点についての方向性を示すものであり，その実現をめざす動向は，教員間の協働的な取り組みに向けた課題意識を改めて喚起するものと捉えてよいだろう。「民主的な学校管理」あるいは教員間の協働的な取り組み自体の有効性を担保する制度的・組織的条件整備のあり方を究明することによって，教員の“閉じられた”専門性を，児童・生徒を含む社会に“開かれた”専門性に転換させていかなくてはならないということである。

深い学びのための課題

1．教育委員会による学校管理が，学校組織における「教員間の協働」を促進するための条件について考察してみよう。
2．「社会に開かれた教育課程」の編成および「主体的・対話的で深い学び」の実現に向けた学校経営あるいは教育経営上の課題について考察してみよう。

注

1）教育の自主性を尊重する立場から，教育行政の遂行にあたっては「指導助言」による行政が重視される。
2）佐久間は，教員の専門性を保障する制度の確立に向けて，教員の判断や行動の適切さを専門家同士で相互評価しあう仕組みの確立に加え，「専門家としての職能水準を，自律的に維持向上する職能集団の確立」をあげており，職能水準の向上に関しては，わが国では従来より，「教職の専門家としての側面」ではなく「労働者としての側面」が強調されてきた点を見直す必要性を指摘している（佐久間　2007：219頁）。
3）こうした佐藤の主張は，わが国における内外事項区分論の参考とされたキャンデルの所説が，「教師の自由が専門職としての性格から要請されることの反面として，教師に自由が付与されるための条件を，専門職としての十分な力量の保持に求め」ており，「教師に対する専門的な人事管理システムの必要を説いていた」（佐藤　2006：64頁）ことに依拠するものと考えられる。

参考・引用文献

市川昭午（1966）『学校管理運営の組織論』明治図書
市川昭午編（1986）『教師＝専門職論の再検討』教育開発研究所
加治佐哲也（1998）『教育委員会の政策過程に関する実証的研究』多賀出版
勝野正章（2012）「学校におけるリーダーシップ」小川正人・勝野正章『教育行政と学校経営』放送大学教育振興会，188-202頁
黒崎勲（1999）『教育行政学』岩波書店
河野和清（2002）「学校経営論の総括」『日本教育経営学会紀要』44，158-165頁
佐久間亜紀（2007）「教師の学びとその支援―これからの教員研修」油布佐和子 編著『転換期の教師』放送大学教育振興会，207-223頁
佐藤修司（1998）「教育基本法10条論と内外事項区分論の現在」『教育学研究』65（3），19-27頁
――（2006）「国民の教育権論と内外事項区分論」『秋田大学教育文化学部研究紀要　教育科学部門』61，61-69頁

志水宏吉（2010）『学校にできること―一人称の教育社会学』角川学芸出版
露口健司（2011a）学校組織における授業改善のためのリーダーシップ実践―分散型リーダーシップ・アプローチ」『愛媛大学教育学部紀要』58，21-38 頁
――（2011b）「教師の授業力を高める組織とリーダーシップ：専門的コミュニティとサーバント・リーダーシップに焦点をあてて」『愛媛大学教育実践総合センター紀要』29，101-111 頁
――（2013）「専門的な学習共同体（PLC）が教師の授業力に及ぼす影響のマルチレベル分析」『日本教育経営学会紀要』55，66-81 頁
鍋島祥郎（2003）『効果のある学校』解放出版社
橋本鉱市（2006）「専門職の『量』と『質』をめぐる養成政策―資格試験と大学教育」『東北大学大学院教育学研究科研究年報』54（2），111-135 頁
平原春好（1994）「公教育と学校」平原春好・牧柾名 編『教育法』学陽書房，57-99 頁
藤原文雄（1999a）「学校経営における『協働』理論の軌跡と課題（1）―高野桂一の『協働』論の検討」『東京大学大学院教育学研究科教育行政学研究室紀要』18，113-123 頁
――（1999b）「学校経営における『協働』理論の軌跡と課題（2）―バーナードの『協働体系』としての学校の検討」『東京大学大学院教育学研究科教育行政学研究室紀要』18，125-135 頁
宗像誠也（1969）『教育行政学序説（増補版）』有斐閣
文部省（1992）『学制百二十年史』ぎょうせい
世取山洋介（2008）「新自由主義教育政策を基礎づける理論の展開とその全体像」佐貫浩・世取山洋介編『新自由主義教育改革：その理論・実態と対抗軸』大月書店，36-52 頁
中央教育審議会「幼稚園，小学校，中学校，高等学校及び特別支援学校の学習指導要領等の改善及び必要な方策等について（答申）」（2016 年 12 月 21 日）
Bryk, A., P. B. Sebring, E. Allensworth, S. Luppescu and J. Q. Easton（2010）*Organizing Schools for Improvement: Lessons from Chicago*, Chicago: University of Chicago Press.
Gamoran, A., W. Secada and C. Marrett （2000） “The Organizational Context of Teaching and Learning: Changing Theoretical Perspectives”, in M. Hallinan eds. *Handbook of the Sociology of Education*, pp.37-63.
Hallinger, P., and R. H. Heck （1997） “Exploring the Principal's Contribution to School Effectiveness: 1980-1995”, *School Effectiveness and School Improvement*, 9（2）, pp.151-191.
Hargreaves, A. （2003） *Teaching in the Knowledge Society*, Maidenhead: Open University Press.
Lavie, J. M. （2006） “Academic Discourses on School-Based Teacher Collaboration: Revisiting the Arguments”, *Educational Administration Quarterly*, 42（5）, pp.773-805.
Lee, V. E., R. F. Dedrick and J. N. Smith （1991） “The Effect of the Social Organization of School on Teachers' Efficacy and Satisfaction”, *Sociology of Education*, 64（3）, pp.109-208.
――, J. B. Smith and R. G. Croninger （1997） “How High School Organization Influences the Equitable Distribution of Learning in Mathematics and Science”, *Sociology of Education*, 70（2）, pp.128-150.
Newmann, F. M., R. A. Rutter and M. S. Smith （1989） “Organizational Factors That Affect Schools Sense of Efficacy, Community, and Expectations”, *Sociology of Education*, 11（3）, pp.307-312.
Schoppa, L. J. （1991）*Education Reform in Japan*, Routledge（＝2005，小川正人監訳『日本の教育政策過程：1970～80 年代教育改革の政治システム』三省堂）
Shön, D. A. （1983） *The Reflective Practitioner : How Professionals Think in Action*, New York: Basic Books.（佐藤学・秋田喜代美訳（2001）『専門家の知恵：反省的実践家は行為しながら考える』ゆみる出版）

第4章

就学前教育制度

就学前教育制度は，教育制度と福祉制度が複雑に絡み合いながら成立しているためたいへん理解がむずかしい分野である。全体の大枠を把握するとともに，事例に基づいて具体的に考察することが理解を深める近道であろう。

まず，比較的なじみがある幼稚園と保育所に関する制度の概要を把握することから始める。つぎに，2015（平成27）年4月から開始された「子ども・子育て支援新制度」に焦点を当て，幼保連携型認定こども園の改善などの変更点を押さえる。最後に，就学前教育施設で発生した負傷事故の現況をふまえながら，幼稚園教諭・保育士などに求められる安全配慮義務について概観する。

1 幼稚園・保育制度の概観

（1）幼稚園制度

①幼稚園の位置づけ

最高法規である日本国憲法（以下，憲法）で，すべての国民は「その能力に応じて，ひとしく教育を受ける権利を有する」（憲法第26条第1項）と規定されている。憲法の委任を受けて制定された教育基本法（以下，教基法）では「幼児期の教育は，生涯にわたる人格形成の基礎を培う重要なもの」であり，国及び地方公共団体は「幼児の健やかな成長に資する良好な環境の整備その他適当な方法によって，その振興に努めなければならない」（教基法第11条）と規定されている。

②幼稚園の性格

幼稚園は，小学校と同じ「学校」としての性格をもち（学校教育法（以下，学教法）第1条），幼稚園に入園することのできる者は「満三歳から，小学校就学の始期に達するまでの幼児」（学教法第26条）である。

学校は「公の性質を有するもの」(教基法第6条) であるため「国，地方公共団体，学校法人のみ」(学教法第2条) が設置を認められており，「国が設置する国立幼稚園」「地方公共団体が設置する公立幼稚園」「学校法人が設置する私立幼稚園」が整備されている。ただ，私立幼稚園に関しては「当分の間，学校法人によって設置されることを要しない」(学教法附則第6条) という規定があり，特例として宗教法人も幼稚園を設置することができる。

③幼稚園の目的・目標

幼稚園の目的は，「義務教育及びその後の教育の基礎を培うものとして，幼児を保育し，幼児の健やかな成長のために適当な環境を与えて，その心身の発達を助長すること」(学教法第22条) であり，その目的を達成するために以下に示す5つの「目標」が掲げられている (学教法第23条)。

> 幼稚園の目標
>
> 一　健康，安全で幸福な生活のために必要な基本的な習慣を養い，身体諸機能の調和的発達を図ること。
>
> 二　集団生活を通じて，喜んでこれに参加する態度を養うとともに家族や身近な人への信頼感を深め，自主，自律及び協同の精神並びに規範意識の芽生えを養うこと。
>
> 三　身近な社会生活，生命及び自然に対する興味を養い，それらに対する正しい理解と態度及び思考力の芽生えを養うこと。
>
> 四　日常の会話や，絵本，童話等に親しむことを通じて，言葉の使い方を正しく導くとともに，相手の話を理解しようとする態度を養うこと。
>
> 五　音楽，身体による表現，造形等に親しむことを通じて，豊かな感性と表現力の芽生えを養うこと。

④幼稚園に勤務する教職員・組織

法令で幼稚園に勤務する教職員として規定されている一覧が表4.1である。幼稚園には必ず園長をおかなければならない。教頭は副園長をおく場合に，教

表 4.1　幼稚園に勤務する教職員一覧

職　階	業務内容	配　置	根拠法令
園　長	園務をつかさどり，所属職員を監督する	必置	学教法 27 条 1 項
副園長	園長を助け，命を受けて園務をつかさどる	任意設置	学教法 27 条 5 項
教　頭	園長等を助け，園務を整理し，及び必要に応じ幼児の保育をつかさどる	原則必置	学教法 27 条 6 項
主幹教諭	園長等や教頭を助け，命を受けて園務の一部を整理し，並びに幼児の保育をつかさどる	任意設置	学教法 27 条 7 項
	幼児の養護又は栄養の指導及び管理をつかさどる	努力義務	学教法 27 条 11 項
指導教諭	幼児の保育をつかさどり，並びに教諭その他の職員に対して，保育の改善及び充実のために必要な指導及び助言を行う	任意設置	学教法 27 条 8 項
教　諭	幼児の保育をつかさどる	原則必置	学教法 27 条 9 項
養護教諭	児童の養護をつかさどる	努力義務	学教法 37 条 12 項
栄養教諭	児童の栄養の指導及び管理をつかさどる	任意設置	学教法 37 条 13 項
事務職員	事務をつかさどる	努力義務	学教法 37 条 14 項
助教諭	教諭の職務を助ける	任意設置	学教法 37 条 15 項
講　師	教諭又は助教諭に準ずる職務に従事する	任意設置	学教法 37 条 16 項
養護助教諭	養護教諭の職務を助ける	努力義務	学教法 37 条 17 項
学校用務員	学校の環境の整備その他の用務に従事する	任意設置	学教法施行規則 65 条

諭は助教諭または講師をおく場合にはおかないことができる。養護をつかさどる主幹教諭，養護教諭または養護助教諭，事務職員はおくように努めなければならない（幼稚園設置基準（以下，設置基準）第 6 条）。副園長，主幹教諭，指導教諭，栄養教諭は必要に応じて任意でおくことが認められている。

主幹教諭，指導教諭，教諭，助教諭および講師は幼稚園教諭免許状，養護教諭，養護助教諭は養護教諭免許状，栄養教諭は栄養教諭免許状を有する者でなければならない（教育職員免許法第 1 条・3 条）。

園長の幼稚園経営方針や校務分掌を調整するために，園長が主催する職員会議をおくことができる（学教法施行規則第 48 条第 1 項，第 2 項）。

表 4.2　園舎の面積

学級数	1学級	2学級以上
面　積	180m^2	320 + 100 ×（学級数 − 2）m^2

表 4.3　運動場の面積

学級数	2学級以下	3学級以上
面　積	330 + 30 ×（学級数 − 1）m^2	400 + 80 ×（学級数 − 3）m^2

表 4.4　備えるべき施設

整　備	施　設
必　置	職員室，便所，飲料水用設備，手洗用設備，足洗用設備
兼用可能な施設	保育室と遊戯室，職員室と保健室
努力義務	一放送聴取設備，映写設備，水遊び場，幼児清浄用設備，給食施設，図書室，会議室

⑤設　備

幼稚園の設置場所は「幼児の教育上適切で，通園の際安全な環境」（設置基準第7条第1項）に定めなければならず，幼稚園の施設および設備も「指導上，保健衛生上，安全上及び管理上適切なもの」（設置基準第7条第2項）でなければならないという規定があるなど，安全面がより強調されている。たとえば，敷地内または隣接する位置に園舎と運動場を整備する必要があること（設置基準第8条第2項），園舎は2階建以下を原則とすること（設置基準第8条第1項），園舎や運動場の面積の基準（表 4.2，表 4.3），備えるように努力すべき施設や設備が示されている（表 4.4）。国が設置基準を定めることで，どの幼稚園でも一定程度の保育空間が確保され，安全な環境を整えられると考えられている（設置基準第11条）。

⑥カリキュラム

幼稚園の学年は，4月1日に始まり，翌年3月31に終わる（学教法施行規則第59条）。毎学年の教育週数は，特別な事情のある場合を除き，39週を下ってはならない（学教法施行規則第37条）。公立幼稚園の休業日は，「国民の祝日に関する法律に規定する日」「日曜日及び土曜日」「教育委員会が定める日」（学教法施行規則第61条）であるが，私立幼稚園は学則で定める（学教法施行規則第62条）。ただし，非常変災や急迫の事情があるときは，臨時に授業を行わないことができる（学教法施行規則第63条）。

幼稚園の一学級の幼児数は，35人以下で（設置基準第3条），同じ年齢の幼児で編制することが原則とされている（設置基準第4条）。各学級に少なくとも専任の教諭等を1人おかなければならない（設置基準第5条）。

幼稚園の教育課程そのほかの保育内容に関する事項は，学教法第25条および学教法施行規則第38条に基づき，文部科学大臣が告示として公示した幼稚園教育要領を基準として，各幼稚園が編成する。幼稚園の保育時間の標準は4時間とされ，「健康」「人間関係」「環境」「言葉」「表現」の5領域から構成されている。幼児が心身の状況によって履修することが困難な活動等は，その幼児の心身の状況に適合するように課さなければならない（学教法施行規則第54条）。

⑦外部とのかかわり

幼稚園は，幼児期の教育に関する各般の問題につき，保護者や地域住民などからの相談に応じ，必要な情報の提供および助言を行うなど，家庭および地域における幼児期の教育の支援に努めるものとされている（学教法第24条）。

また，小学校等と同様に「学校評議員」をおくことができる。学校評議員は，園長の求めに応じて意見を述べることができる（学教法施行規則第49条）。

さらに，幼稚園の教育活動そのほかの学校運営の状況について評価を行い，その結果に基づき学校運営の改善を図るため必要な措置を講ずることにより，その教育水準の向上に努めることが求められている（学教法第42条）。そのため，幼稚園においても，自己評価及びその結果の評価を，当該幼稚園の保護者や関係者による評価を行い，結果を公表するように努めるものとされている（学教法施行規則第66条，第67条）。

（2）保育制度

①保育所の法的位置づけ

憲法で「すべて国民は，健康で文化的な最低限度の生活を営む権利を有」しており（憲法第25条第1項），国は「すべての生活部面について，社会福祉，社会保障及び公衆衛生の向上及び増進に努めなければならない」と規定されている（憲法第25条第2項）。

社会福祉のなかで児童に焦点を当てたものが児童福祉法（以下，児福法）である。児福法で児童は「満18歳に未たない者」と定義され（児福法第4条），すべての児童は「児童の権利に関する条約の精神にのつとり，適切に養育されること，その生活を保障されること，愛され，保護されること，その心身の健やかな成長及び発達並びにその自立が図られることその他の福祉を等しく保障される権利を有する」と規定されている（児福法第1条）。児童を心身ともに健やかに育成することについて第一義的責任を有するのは「保護者」と規定されているが（児福法第2条第2項），国および地方公共団体も，児童の保護者とともに，児童を心身ともに健やかに育成する責任を負うとしている（児福法第2条第3項）。そのうえで，市町村は「保護者の労働又は疾病その他の事由により，その監護すべき乳児，幼児その他の児童について保育を必要とする場合は当該児童を保育所において保育」する義務が課せられている（児福法第24条）。

②保育所の性格

保育所は「児童福祉施設」としての性格をもち（児福法第7条），保育を必要とする乳児（1歳未満）および幼児（1歳から小学校就学の始期まで）を対象としている（児福法第4条，第39条）。

先述のように市町村は保育所を設置する義務が課せられているが，その場合は都道府県知事への届出が必要である（児福法第35条第3項）。市町村以外の設置主体に関する規程はなく，株式会社が保育所を設置することも可能である。

市町村以外の者が保育所を設置する場合は，都道府県知事による認可を経ることが必要であり（児福法第35条第4項），都道府県知事は，児童福祉施設の設備および運営について条例で定めた基準（児福法第45条第1項）に適合する

表 4.5「保育の必要性」の事由

① 就労：フルタイムのほか，パートタイム，夜間など
② 妊娠，出産
③ 保護者の疾病，障害
④ 同居又は長期入院等している親族の介護・看護
⑤ 災害復旧
⑥ 求職活動・起業準備を含む
⑦ 就学・職業訓練校等における職業訓練を含む
⑧ 虐待や DV のおそれがあること
⑨ 育児休業取得時に保育を利用している子どもがいて継続利用が必要であること
⑩ その他，上記に類する状態として市町村が認める場合

かなどを審査する（児福法第 35 条第 5 項）。その際，都道府県知事は，都道府県児童福祉審議会の意見を聴き（児福法第 35 条第 6 項），当該認可の申請に係る保育所が所在する市町村の長に協議しなければならず（児福法第 35 条第 7 項），適合している場合は原則認可しなければならない（児福法第 35 条第 8 項）。

上記の手続きによって認可された保育所は「認可保育所」と位置づけられ，幼稚園のように一定年齢に達せば誰でも入所できるのではなく，保護者が市町村から「保育の必要性」の事由が認められないと原則入所できない（表 4.5）。認可外保育施設は保護者と施設の直接契約となるため上記のような制約はない。

③保育所の目的・目標

保育所の目的は「保育を必要とする乳児・幼児を日々保護者の下から通わせて保育を行うこと」（児福法第 39 条）である。保育所保育指針では，次のような「目標」が掲げられている。

保育所の目標

ア　保育所は，子どもが生涯にわたる人間形成にとって極めて重要な時期に，その生活時間の大半を過ごす場である。このため，保育所の保育は，子どもが現在を最も良く生き，望ましい未来をつくり出す力の基礎を培うために，次の目標を目指して行わなければならない。

（ア） 十分に養護の行き届いた環境の下に，くつろいだ雰囲気の中で子どもの様々な欲求を満たし，生命の保持及び情緒の安定を図ること。

（イ） 健康，安全など生活に必要な基本的な習慣や態度を養い，心身の健康の基礎を培うこと。

（ウ） 人との関わりの中で，人に対する愛情と信頼感，そして人権を大切にする心を育てるとともに，自主，自立及び協調の態度を養い，道徳性の芽生えを培うこと。

（エ） 生命，自然及び社会の事象についての興味や関心を育て，それらに対する豊かな心情や思考力の芽生えを培うこと。

（オ） 生活の中で，言葉への興味や関心を育て，話したり，聞いたり，相手の話を理解しようとするなど，言葉の豊かさを養うこと。

（カ） 様々な体験を通して，豊かな感性や表現力を育み，創造性の芽生えを培うこと。

イ 保育所は，入所する子どもの保護者に対し，その意向を受け止め，子どもと保護者の安定した関係に配慮し，保育所の特性や保育士等の専門性を生かして，その援助に当たらなければならない。

出所）「保育所保育指針」総則

④保育所の職員・組織

保育所には，保育士，嘱託医および調理員をおかなければならない。ただし，調理業務の全部を委託する施設にあっては，調理員をおかないことができる（児童福祉施設設備および運営に関する基準（以下，設備運営基準）第33条）。

保育士として勤務するためには，保育士資格が必要である。職員体制は法令に明確に位置づけられていないが，所長や主任をおくことができる。保育所長は，保育所の役割や社会的責任を遂行するために，法令などを遵守し，保育所をとりまく社会情勢などをふまえ，その専門性などの向上に努めることが求められる。

⑤設 備

保育所に必要な設備は，乳児または満二歳に満たない幼児を入所させる保育所は，乳児室またはほふく室，医務室，調理室，便所を設けなければならない。満二歳以上の幼児を入所させる保育所は，保育室または遊戯室，屋外遊戯場，調理室および便所を設ける必要がある（設備運営基準第32条，表4.6）。乳児室，ほふく室，保育室または遊戯室，屋外遊技場については乳児または幼児一人当たりの最低限の面積が定められている（表4.7）。

⑥カリキュラム

保育所は幼稚園と異なり学級編成という考え方ではなく，保育士1人が対応する乳児または幼児の最低人数が定められている（設備運営基準第33条第2項，表4.8）。

表4.6　保育所に必要な設備

保育所	設　備
乳児又は満二歳に満たない幼児を入所させる保育所	乳児室又はほふく室，医務室，調理室，便所
満二歳以上の幼児を入所させる保育所	保育室又は遊戯室，屋外遊戯場，調理室及び便所

表4.7　乳児または幼児一人当たりの最低限の面積

設備の面積	基　準
乳児室	乳児又は幼児一人につき一・六五 m^2以上
ほふく室	乳児又は幼児一人につき三・三 m^2以上
保育室又は遊戯室	幼児一人につき一・九八 m^2以上
屋外遊戯場	幼児一人につき三・三 m^2以上

表4.8　保育士必要最低人数

段　階	保育士必要最低人数
乳　児	おおむね三人につき一人以上
満一歳以上満三歳に満たない幼児	おおむね六人につき一人以上
満三歳以上満四歳に満たない幼児	おおむね二十人につき一人以上
満四歳以上の幼児	おおむね三十人につき一人以上

保育所における保育は，養護および教育を一体的に行うことをその特性とし，厚生労働大臣が定める保育所保育指針に従い保育課程を編成する（設備運営基準第35条）。保育所における保育時間は，1日につき8時間を原則とし，その地方における乳幼児の保護者の労働時間そのほか家庭の状況などを考慮して，保育所長が定める（設備運営基準第34条）。保育所も幼稚園と同様に「健康」「人間関係」「環境」「言葉」「表現」の5領域から構成されている。

⑦外部とのかかわり

保育所は，主として利用する地域の住民に対して，行っている保育に関する情報を提供するとともに，乳児や幼児などの保育に関する相談への対応や助言を行うように努めなければならない（児福法第48条の4第1項）。そのため，保育士はこれらに必要な知識および技能の修得，維持および向上に努めなければならない（児福法第48条の4第2項）。また，保育所長は，常に入所している乳幼児の保護者と密接な連絡をとり，保育の内容などにつき，その保護者の理解および協力を得るよう努めなければならない。

保育所は，業務の質を高めるために自己評価を行い，常にその改善を図らなければならない。また，定期的に外部の者による評価を受けて，それらの結果を公表し，常にその改善を図るよう努めることとされている。

（3）幼稚園・保育所の相違点

これまで幼稚園制度と保育制度を概観してきた。細かいちがいなども多くみられたが，満三歳以上の幼児を対象とする点では同じである。近年では保育所の待機児童などが社会問題化されているが，どの施設においても「質の高い幼児教育・保育」が提供されることを保障することの重要性が認識されてきた。

2では，「子ども・子育て支援新制度」の概要を把握することで，どのような就学前教育がめざされているのかのイメージをつかみたい。

2 子ども・子育て支援新制度

（1）「子ども・子育て支援新制度」成立の背景

「子ども・子育て支援新制度」（以下，新制度）とは，2012（平成24）年8月に成立した「子ども・子育て支援法」「就学前の子どもに関する教育，保育等の総合的な提供の推進に関する法律の一部を改正する法律」「子ども・子育て支援法及び認定こども園法の一部改正法の施行に伴う関係法律の整備等に関する法律」の「子ども・子育て関連3法」に基づく「制度」のことをさす。

小学校に入学する前の幼児教育・保育施設として，幼稚園や保育所などが整備されてきたが，少子化などの影響を受けて定員に満たない幼稚園が増加してきた。他方で，保育所は働く女性の増加などの影響を受けて，保育所の入所を希望しても保育所に入れない待機児童への対応が課題とされてきた。この対応策として，従来の幼稚園や保育所などを総合的に捉えて，保護者のニーズを満たす「保育の量」を確保することがめざされている。

また，幼稚園や保育所は，小学校に入学する始期の前の子どもを対象とし，生涯にわたる人格形成の基礎を培ううえで重要な施設であることは共通しているため，子どもを親の事情で幼稚園と保育所に分断することなく，どの施設においても「質の高い幼児教育・保育」を保障できるように「保育の質」を高めていくこともめざされている。

上記のような考え方は，2009（平成21）年に当時の民主党政権が「幼保一体化」という理念を提示してから具体的に進められてきた。最終的に，高齢者へ偏っていた社会保障制度を，子どもや若者世代も含めた「全世代型社会保障」へ転換するために，社会保障制度改革を消費増税分の7000億円を子ども関係の恒久財源とする税制改革と一体的に実施された。

（2）「新制度」による変更点

①幼保連携型認定こども園の改善

認定こども園は，2006（平成18）年10月に「就学前の子どもに関する教育，保育等の総合的な提供の推進に関する法律」（以下，認定こども園法）が制定さ

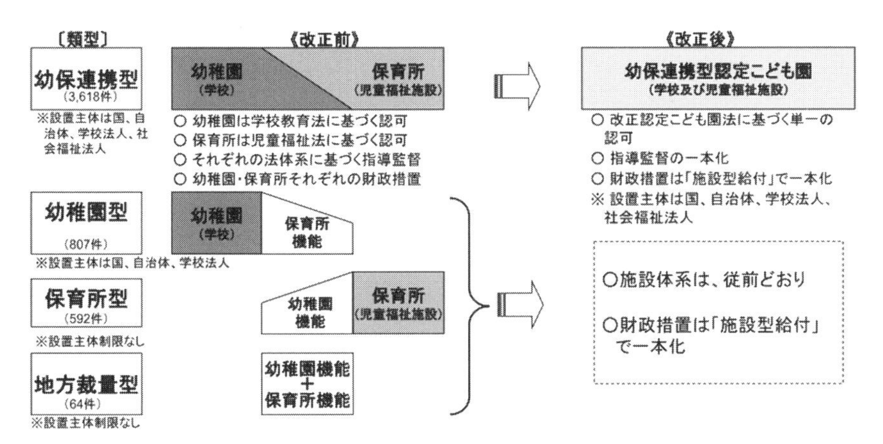

図 4.1　幼保連携型認定こども園の改善（内閣府子ども・子育て本部　2017）

れ，教育・保育を一体的に行うために幼稚園と保育所の両方を併せもつ施設として導入された。認定こども園は「幼保連携型」「幼稚園型」「保育所型」「地方裁量型」の 4 タイプがある（図 4.1）。ただ，いずれの類型も幼稚園と保育所それぞれの設置認可が必要なことや，カリキュラムも幼稚園は幼稚園教育要領，保育所は保育所保育指針に基づいた保育課程が編成される必要があること，職員体制も幼稚園は幼稚園教諭，保育所は保育士が勤務するというように身分も処遇も分けなければならないなど，事務手続きなどが煩雑であった。

「新制度」の成立に伴い「認定こども園法」が改正され，「幼保連携型認定こども園」については「学校及び児童福祉施設」として位置づけられ単一の認可が可能となった。カリキュラムについては満 3 歳児以上を同一にするという考え方から，新たに「幼保連携型認定こども園教育・保育要領」が策定された。さらに，職員の身分も同一にするべきという考え方から，幼稚園教諭と保育士資格の両方をもつ職員である「保育教諭」が創設された。

②市町村・都道府県・国における役割分担の明確化

「新制度」の実施主体は市町村と位置づけられた。これまでも，公立幼稚園と公立保育所は市町村が実施主体であったが，幼稚園の定員割れや保育所の待機児童問題などの解消をめざすとともに，「質の高い幼児教育・保育」を適切に提供するためには，地域住民に最も身近な市町村が望ましいと判断された。国や都道府県は，市町村を重層的に支える仕組みを整えることがめざされた。

市町村は，幼児教育・保育や子育て支援を提供する「区域」を設定する。そこでどのくらいの保育ニーズがあるのかという「量の見込み」を調査したうえで，どのようにニーズを満たすかという「確保の内容」と，不足がある場合はいつまでに何名増やすかという「確保方策」を記載した「子ども・子育て支援事業計画」を策定することが義務づけられた。この計画には，保育関係者や地域住民の意見が反映できるように「子ども・子育て会議」を設置することが望ましいとされている。

都道府県は，実施主体である市町村を支援するために「子ども・子育て支援事業支援計画」を策定することが義務づけられ，市町村の「区域」を越えた広域的な調整や，幼稚園教諭・保育士等の資質の向上などの支援を行うことが明確になった。都道府県も，市町村と同様に「子ども・子育て会議」の設置が望ましいとされている。

国は，これまで幼稚園は文部科学省，保育所は厚生労働省，認定こども園は両省が共同で管理していたが，市町村および都道府県と相互に連携を図りながら必要な支援を行えるよう内閣府に「子ども・子育て本部」が設置され，政府の推進体制が整備された。あわせて，有識者，地方公共団体，事業主代表・労働者代表，子育て当事者，子育て支援当事者などが，子育て支援の政策プロセスなどに参画・関与することができる仕組みとして「子ども・子育て会議」が設置された。

③「保育の必要性」の認定区分と内容

「新制度」では，年齢と保育の量に応じて「1号認定」「2号認定」「3号認定」に認定区分を設定した（表4.9）。さらに，保育を必要とする量に応じて「教育標準時間（4時間）」「保育短時間（8時間）」「保育標準時間（11時間）」に分けることで，多様な「教育・保育のニーズ」に対応しようと考えられている。

認定手続きについては，教育標準時間（4時間）の保育を受けさせたい保護

表 4.9　認定区分の概要（内閣府子ども・子育て本部　2016）

認定区分	説　明	給付の内容	施設・事業
1号認定	満3歳以上の小学校就学前の子どもであって，2号認定子ども以外のもの	教育標準時間（4時間）	幼稚園 認定こども園
2号認定	満3歳以上の小学校就学前の子どもであって，保護者の労働又は疾病その他の事由により家庭において必要な保育を受けることが困難であるもの	保育短時間（8時間） 保育標準時間（11時間）	保育所 認定こども園
3号認定	満3歳未満の小学校就学前の子どもであって，保護者の労働又は疾病その他の事由により家庭において必要な保育を受けることが困難であるもの	保育短時間（8時間） 保育標準時間（11時間）	保育所 認定こども園 小規模保育等

者は，希望する幼稚園を通じて認定手続きを行う。教育標準時間（4時間）より長く保育を受けさせたい保護者は，市町村に対して認定の申請を行う。申請を受けた市町村は，申請を行った保護者の子どもが，「保育の必要性」の事由に該当するのかを確認し（図 4.2），該当する場合は，先述した認定区分（満3歳以上の場合は2号認定，満3歳未満の場合は3号認定）と，保育を必要とする保育時間を認定し，保護者へ認定証を交付する。認定証が交付された保護者は，希望する施設名や事業の希望を市町村へ申請する。申請を受けた市町村は，申請者の希望に基づいて施設に対して利用の要請を行う「利用調整」を行う。

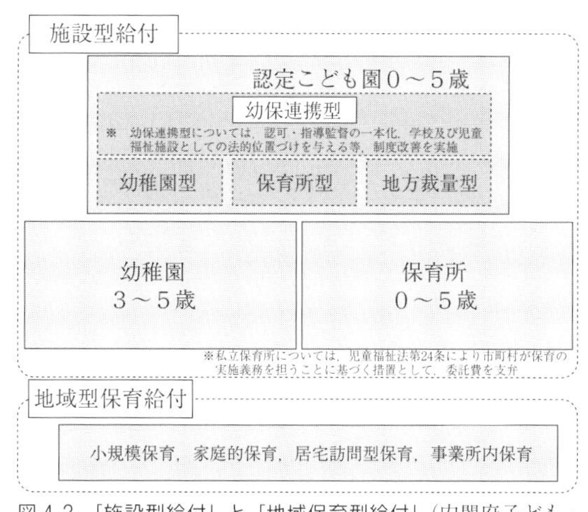

図 4.2　「施設型給付」と「地域保育型給付」（内閣府子ども・子育て本部　2016）

④「施設型給付」と「地域型保育給付」の創設と運用

「給付」は,「サービス」と言い換えられる。「サービス」は,現金を受け取る「現金給付」と,保育などの「形に残らないモノ」を受け取る「現物給付」がある。「新制度」では「現金給付」として「児童手当」が,「現物給付」として「施設型給付」および「地域保育型給付」が創設された。

「子どものための現金給付」として位置づけられた児童手当は,子ども・子育て支援の適切な実施を図るため,0歳から中学校卒業までの児童を養育している保護者に支給される。

「施設型給付」は,公立保育所・幼稚園・認定こども園の共通の財政支援として,先述した支給認定を受けた保護者に対して支給される仕組みである。これまでの財政措置として,保育所には保育所運営費,幼稚園には私学助成金や幼稚園就園奨励費,認定こども園には「安心子ども基金」に分かれていたが,「施設型給付」として統一することで一体的運営を図りやすくした(図4.3)。

「地域型保育給付」は,6人以上19人以下の子どもを預かる「小規模保育」,5人以下の子どもを預かる「家庭的保育(保育ママ)」や,子どもの居宅において保育を行う「居宅訪問型保育」,従業員の子どものほか地域の子どもを保育する「事業所内保育」の4つの事業について財政支援をすることになった(表4.10)。これにより,とくに待機児童が多く,施設を新設する場所を確保することが困難な都市部において保育量を増やすことと,子どもの数が減少傾向にあり,施設の維持が困難である地域や,施設までの距離が遠いなど利用が困難な地域における保育の確保をめざされている。

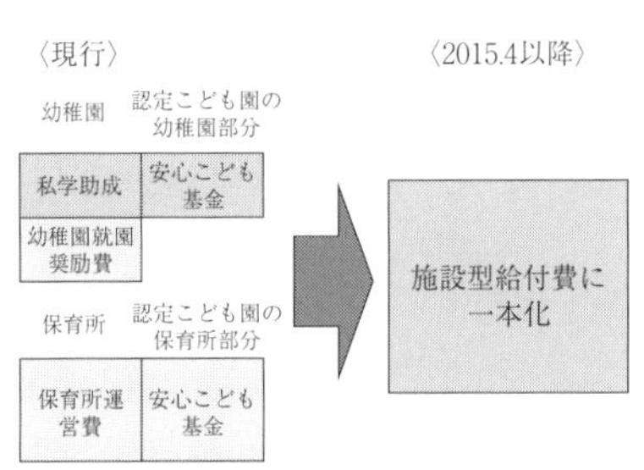

図4.3 「地域保育型給付」新制度(内閣府子ども・子育て本部 2016)

「給付」は本来であれば利用者が受け取るのが自然であるが,「新制度」では各施設が利用者の代理として市町村へ「給付」を請求して受領する「法定代理受領方式」が採用されている(図4.4)。このような複雑な仕組みを採用している

表 4.10 「地域型保育給付」を受ける事業（内閣府子ども・子育て本部　2016）

事業名	認可定員	保育の実施場所等
家庭的保育	利用定員 5 人以下	保育者の居宅その他の場所，施設
小規模保育	利用定員 6 人以上 19 人以下	保育者の居宅その他の場所，施設
居宅訪問型保育		保育を必要とする子どもの居宅
事業所内保育	従業員の子どものほか，地域において保育を必要とする子どもにも保育を提供	事業所内

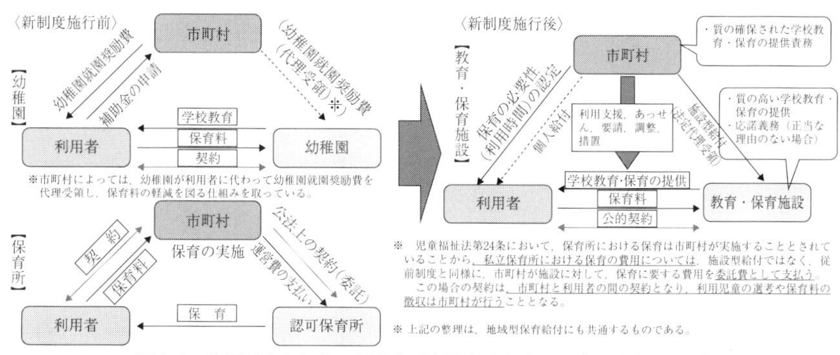

図 4.4　入所手続きなどの変更点（内閣府子ども・子育て本部　2016）

理由は，市町村から受け取った「給付」を施設へ支払わない利用者もいないとは言い切れず，「給付」が確実に保育に要する費用にあてられるようにするためである。

「給付」を施設や事業者が受けとるためには，国などが定めた認可基準を満たした施設などを整備し，都道府県などに認可してもらう必要がある。それに加え，市町村が定めた「利用開始に伴う基準」「教育・保育の提供に伴う基準」「管理・運営に関する基準」「撤退時の基準」などの事項を満たしていることを自治体に「確認」してもらう必要がある（表 4.11）。

⑤利用者の費用負担の変更

「施設型給付」や「地域型保育給付」などで実際に支払われる金額は，「内閣総理大臣が定める基準により算定した費用の額（=「公定価格」）」から「政令

表 4.11　施設の認可・指導監督等の一覧（内閣府子ども・子育て本部　2016）

助成金等	施設種類	認可・指導監督	確　認
施設型給付	幼保連携型認定こども園	都道府県・指定都市・中核市	市町村
	幼稚園型認定こども園	都道府県	市町村
	新制度に基づく保育所		
	新制度に基づく幼稚園		
地域型保育給付	小規模保育所等	市町村	市町村
保育所運営費	従来制度に基づく私立保育所	都道府県	—
私学助成等	従来の制度に基づく幼稚園	都道府県	—

で定める額を限度として市町村が定める額（＝「利用者負担額」）」を差し引いたものとなる。「公定価格」とは，新制度の施設・事業で保育を受ける場合の子ども１人当たりの費用をさす。「公定価格」は，各施設・事業ごとに設定される。さらに，各施設・事業の所在地や規模，受け入れる子どもの年齢，認定区分などによっても異なるため，実際に支払われる額は「ケースバイケース」である。

利用者負担額は，これまで幼稚園については「同じ利益を得た場合は同じ負担をする」という「応益負担」の考え方に基づき，同じ施設を利用する場合は原則として保育料は同一であり，利用する施設へ支払っていた。いっぽう，保育所は世帯の所得に応じて保育料を変動させる「応能負担」の考え方に基づいて保育料は市町村が設定し，利用者の所得に応じて保育料が異なっていた。また，保育料は利用する施設ではなく市町村へ支払う仕組みがとられていた。

「新制度」に基づく幼稚園・保育所・認定こども園では「応能負担」の考え方が採用され，国が定める利用者負担の基準を限度として，市町村が認定区分および世帯所得などを勘案して保育料を設定することとなった。また，保育料の支払い方法は先述した「法定代理受領方式」が採用されるため，利用者は市町村へ保育料を納めることが原則になる。

ただし，「新制度」を利用しない私立幼稚園や認可外保育施設などの場合は，従来どおり，保育料は各施設が決めることができる。また，保育料の支払いについても利用者が施設・事業者へ直接支払う。

（3）「新制度」の影響

「新制度」は，「質の高い幼児教育・保育の保障」する「幼保一体化」という理念によって，日本において長く存続してきた幼保二元行政システムに「揺らぎ」を与えた一方で，小規模保育所なども保育施設として制度化されたことから「保育の多様化」がさらに促進されたともいえる。この点についての評価は時期尚早のようにも思われるが，「安心・安全」な保育環境が整備されていることが大前提であろう。しかしながら，保育施設における重大な事故などがしばしば発生している状況に変わりはなく，保育施設における安全対策のあり方も重要な検討課題であると思われる。

次節では，保育者に求められる「安全配慮義務」について保育事故の現況や事例をもとにしながら概観する。

3 保育安全への対応

（1）保育管理下における保育事故の現況

①幼稚園・保育所における負傷事故の発生件数

1998～2016（平成10～28）年まで幼稚園・保育所などで発生した負傷事故件数を示したものが図4.5である（日本スポーツ振興センター）。幼稚園は平成21年度以降ほぼ横ばいであったのに対し，保育所は平成21年度以降に増加傾向がみられる。平成27年度以降はどちらも減少傾向にあるが，認定こども園で発生した負傷事故を加えるとむしろ増加傾向がみられる。

②「遊び」を起因とする負傷事故

幼稚園教諭・保育士（以下，保育者）として幼稚園・保育所における負傷事故を予防するためには，事故が生じやすい傾向をつかむことが有効であろう。遊具別の負傷事故発生件数をみたものが図4.6である。どちらの施設もすべり台での負傷事故が最も多い。実際に，公立保育所に通園する4歳児が肩からかばんをかけてすべり台で遊んでいたところ，紐が手すり部分にひっかかり窒息

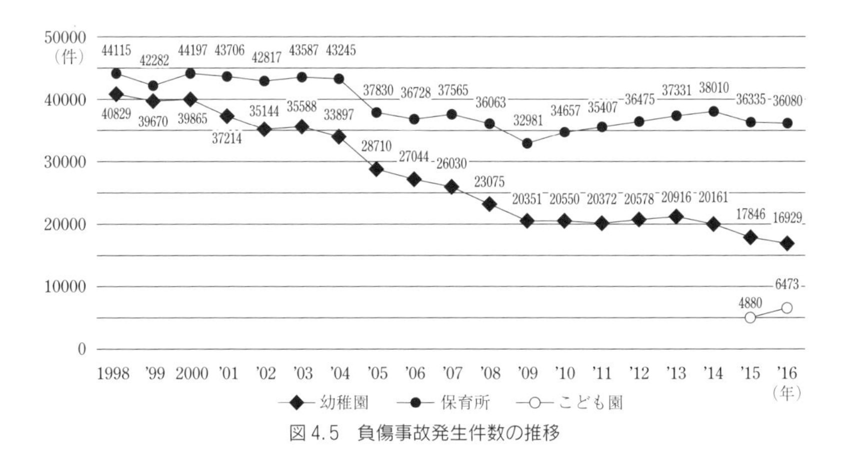

図 4.5　負傷事故発生件数の推移

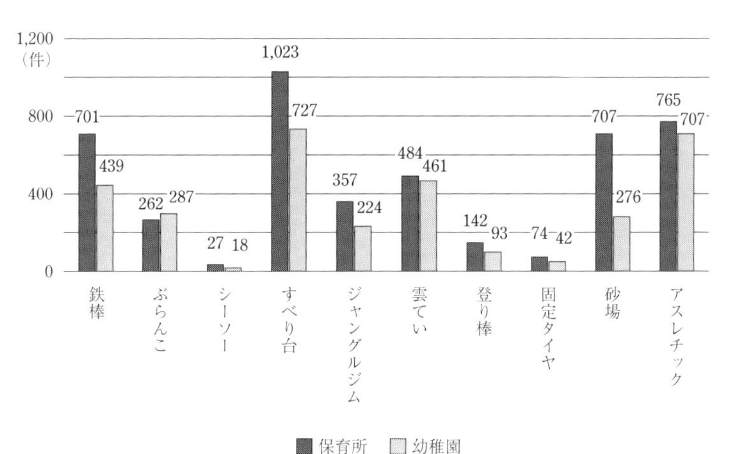

図 4.6　遊具別負傷事故発生件数

死した事故が発生している（松山地裁 1971 年 8 月 30 日判決）。

留意したいのは，子どもたちの遊びを通した負傷事故が発生しているという事実を認識することである。そのため，極力事故が発生しないように保育活動を見直すことや子どもたちへ安全教育を行うとともに，事故が発生したあとの対応も事前に準備をしておくことが大切である。

（2）保育事故の責任

①事故の態様

保育事故の態様として，「不法行為」「施設瑕疵」がある。不法行為は「故意又は過失によって権利や利益を侵害すること」と説明される。「故意」とは「自分が行う行為で他人に損害を与えることがわかっていながらその行為に及んだ場合」であり，「過失」は「本来行わなければならなかった注意を怠ってしまった状態」のことをさす。簡便に言い換えれば，「故意」は「わざと」，「過失」は「注意ミス」であろう。不法行為には，「不作為」と呼ばれるように，適切な対処をしなかったことも対象になりうる。

施設瑕疵は，「通常有すべき安全性を欠くこと」をさし，建物の安全管理を怠ることで事故などが生じることをさす。

②法律上の責任

保育事故が起きた場合の法律上の責任としては主に３つ考えられる。第一に「民法上の責任」である。これは被害者が受けた損害を補てんする責任であり，主に損害賠償責任のことをさす。第二に，「刑事上の責任」である。これは社会としての制裁であり，体罰や虐待が絡んでくると生じやすい。第三に「行政上の責任」である。これは主に公務員などの内部秩序維持を目的として行われる行政処分として，懲戒処分などを受けることである。

③安全配慮義務

先述した「民法上の責任」が問われた際に争点になるのが，「安全配慮義務」を果たしたかどうかである。安全配慮義務は成文法に根拠となる条文はないが，保育者であれば「信頼や期待を裏切らない，誠実な対応をするだろう」という社会の期待として課せられている義務である。安全配慮義務が課せられているのは「教育活動及びこれを密接不離の関係にある活動」であり，保育時間や休み時間，放課後などを想定しているが，事故のケースによって範囲は変動する。

安全配慮義務の果たし方については，これまでの判例などから２つが考えられる。１つ目は「予見可能性」である。これは，事故が発生した具体的事情の下で，一般的・客観的に事故が発生することを予測できたかどうかである。２

つ目は「結果回避可能性」である。これは事故が発生するという結果を回避することが可能である状況であったかである。もし事故が発生する予測ができ，一般的・客観的状況から事故を回避することができたにもかかわらず，不注意などで事故が生じてしまった場合は，安全配慮義務違反として認定される。

先述したすべり台の事故では，保育士には「常に，園児に対し鞄をかけたまま滑り台で遊ぶのは危険であることを教え，右危険行為に出ないことを実行させるとともに，園内においては，園児の行動の監視」をする安全配慮義務があったにもかかわらず怠ったとして保育士の過失と認定した（松山地裁　同上）。

④代理監督者責任

また，子どもが加害者となるケースにおいて，「代理監督者責任」が問われる可能性もある。一般的に，事理弁識能力がない未成年者や障害者が損害を与えた場合は「責任無能力者」として認定され，その加害者は賠償責任を負わない（民法 712 条，713 条）。その場合，主に保護者である「監督義務者」が責任を負うことになるが，幼稚園での活動中など監督義務者の注意が及ばないときには，幼稚園などが「代理監督者」として損害賠償責任を負うことがある。ただし，保育者などが監督義務を怠らなかった場合や，怠らなくても損害が発生すべき状況であった場合については免責される。

⑤賠償責任

公立の就学前教育施設に勤務する保育者が安全配慮義務違反をして損害を発生させた場合，地方公共団体が損害賠償責任を負うこととされている（国家賠償法第 1 条）。私立の場合は使用者が賠償する責任を負う（民法 715 条）。どちらの場合も，設置者もしくは使用者は損害賠償について「代位責任」，言い換えれば「肩代わり」をする責任を負っている。この趣旨は，保育者に損害賠償責任が課せられると委縮をしてしまい，本来の保育業務に支障が生じる可能性があるためである。ただし，公立は地方公共団体が公務員に対して求償権を行使する可能性があり，私立は使用者が「相当の注意をしたこと」「相当の注意をしても事故が生ずべきであったこと」が証明されれば使用者の賠償責任を免れる可能性があることに留意が必要である（民法 715 条ただし書）。

（3）「安心・安全」な保育環境のために

本来の保育者の使命は子どもたちの健やかな成長を支えることであるが，その前提として「安心・安全」な保育環境を整備することである。そのためにも安全配慮義務を意識しながら保育活動を計画・実施することが大切であろう。

本章の冒頭で述べたように，就学前教育制度は理解がたいへんむずかしい分野である。一度ですべてを理解しようとするのではなく，何度も法令などに立ち戻りながら少しずつ整理しながら把握していきたい。

また，子ども・子育て支援新制度でめざされている「質の高い幼児教育・保育の保障」は小学校以降の学びにつながる部分でもある。新学習指導要領の趣旨などをふまえて「幼児期の教育」のあり方について考えることが重要である。

ただ，その大前提になるのは「安心・安全」に過ごすことができる保育環境を提供することである。そのためには，保育者一人ひとりが安全配慮義務を意識した対応をすることである。これには知識だけでなく経験も要することであるが，実際に発生した負傷事故をもとにして深く学ぶことで，「安心・安全」に過ごせる保育環境を提供する一助としての活躍を期待したい。

深い学びのための課題

1．なじみがある市町村のホームページにアクセスし「子ども・子育て支援事業計画」を入手し，当該市町村の就学前教育施設の状況を調べてみよう。
2．幼稚園や保育所で発生した負傷事故などにおける判例（裁判例）を参照して，保育者に求められる安全配慮義務の具体例を調べてみよう。

参考・引用文献

内閣府子ども・子育て本部（2016）『子ども・子育て支援について』
柏女霊峰（2015）『子ども・子育て支援制度を読み解く』誠信書房
日本スポーツ振興センター（2016）『学校の管理下の災害』〈平成28年版〉
坂東司朗・羽成守（2015）『学校事故　判例ハンドブック』青林書院
田村和之他（2016）『保育判例ハンドブック』信山社

第5章 教員の養成・採用・研修と指導環境

本章は，教員の養成・採用・研修と指導環境に関して，制度の概要と近年の改革動向を述べたうえで，その改革の意義と課題について検討することを目的とする。なお，本章においては，「教員養成（initial teacher training）」を入職のための教育と捉え，養成のみならず，採用や研修を含めた長期にわたる教員のキャリアを視野に入れた教育を「教師教育（teacher education）」と捉えている。

1 教員養成と採用

（1）教員免許制度

日本において，学校の教員になるためには，教育職員免許状（以下，教員免許）を取得する必要がある。これは1949年9月に施行された「教育職員免許法」において定められたものである。ここでいう「学校」とは，学校教育法第1条で定められたいわゆる一条校のうち，幼稚園・小学校・中学校・義務教育学校・高等学校・中等教育学校・特別支援学校をさす[1)]。また，幼保連携型認定こども園も同様である[2)]。公立・私立を問わず，上記の学校やこども園の教員には，教員免許が必要とされる[3)]。

現代の日本における教員養成の最大の特徴は，「大学における養成」と「開放制での養成」である。前者については，戦前の師範学校を中心とした教員養成が「師範型」であったことへの批判に応える形で，大学において，すぐれた教養をもつ教員を養成することが求められるようになったという背景がある。1948年の学制改革では，国立の学芸大学あるいは教員養成学部が各都道府県に設置された。これは，新制大学の発足と同時に行われたものである。国立の教員養成大学・教員養成学部に加えて，課程認定を受けた一般大学・学部の教職課程でも教員養成がなされている[4)]。必要な教員数をもとに，各教員養成機関に定員を割り振って数を管理するいわゆる計画養成[5)]とは異なり，日本においては「開放制」の原則が貫かれてきた。ただし，国立の教員養成大学・学部における小・中学校の教員に関しては，ある程度は計画養成が行われているとみることもできる（加野　2017）。

教員免許の授与は，各都道府県教育委員会に授与申請することによって行われる。つまり，実際の教職課程を担うのは大学等高等教育機関であるが，実際に教員免許を授与できるのは，都道府県教育委員会である。

教員免許には普通免許状，特別免許状，臨時免許状がある。普通免許状の種類は，幼稚園教諭，小学校教諭，中学校教諭，高等学校教諭，特別支援学校教諭，養護教諭，栄養教諭であり，それぞれに専修免許状，一種免許状，二種免許状という区分がある。ただし，高等学校教諭については，専修免許状および一種免許状のみである。普通免許状取得にあたっては，教職課程を履修して所定の単位を修得する必要がある。なお，免許状を取得する際の基礎資格は，専修免許状だと修士，一種免許状だと学士，二種免許状だと短期大学士の学位を有することとされている[6)]。特別支援学校教諭の場合は，これに加えて，幼稚園，小学校，中学校，または高等学校の教諭の普通免許状が基礎資格として必要である。

このように，教員として教えるためには相当する教員免許を所有する必要がある（相当免許状主義）。ただし，特別支援学校教員に関しては，教員不足への対応として，教育職員免許状法附則第15項で，特別支援学校教諭免許をもっていない幼稚園，小学校，中学校または高等学校の教諭の免許状所有者でも，「当分の間」特別支援学校で教諭等になることができると定めている。しかし，今後は，この附則の廃止を視野に入れて，2020年までに特別支援学校の全教員が免許状を所持することが望ましいと2015年中央教育審議会（以下，中教審）答申「これからの学校教育を担う教員の資質能力の向上について」では指摘されている[7)]。

（2）教職課程の改革

教職課程では，教職に関する科目，教科専門に関する科目，教科教育に関する科目という3つの柱で教職課程が編成されている。教員養成に関しての改革の主な動向としては，①教職課程における科目の大くくり化および教科と教職の統合，②学校インターンシップ（学校体験活動）の導入，③教職課程の質の保証・向上の3点があげられる。このなかで，教職課程における「大くくり化」とは，「教科に関する科目」と「教職に関する科目」などの科目区分をなくことをさす。具体的には，図5.1に示す科目区分へと変化した。

大くくり化については，中教審答申内に以下のような記述がある。

> 大学と教育委員会の連携が進まない理由の一つとして，仮に学校現場から大学の教員養成に向けた要望がなされたとしても，これまでの教育職員免許法の下ではそうした要望に応じて大学が柔軟に教員養成カリキュラムを改善できるほどの自由度がないといった指摘もある。
>
> （中教審　2015：17頁）

<table>
<tr><td colspan="2">教科に関する科目</td></tr>
<tr><td rowspan="6">教職に関する科目</td><td>教職の意義等に関する科目</td></tr>
<tr><td>教育の基礎理論に関する科目</td></tr>
<tr><td>教育課程及び指導法に関する科目</td></tr>
<tr><td>生徒指導，教育相談及び進路指導等に関する科目</td></tr>
<tr><td>教育実習</td></tr>
<tr><td>教職実践演習</td></tr>
<tr><td colspan="2">教科又は教職に関する科目</td></tr>
</table>

➡

教科及び教科の指導法に関する科目（小中高）／領域及び保育内容の指導法に関する科目（幼）
教育の基礎的理解に関する科目
道徳，総合的な学習の時間等の指導法及び生徒指導，教育相談等に関する科目[8]
教育実践に関する科目（教育実習（学校体験活動を含むことができる），教職実践演習）[9]
大学が独自に設定する科目

図5.1　教職課程の「大くくり化」

こうした問題意識のもと，教職課程に大学の独自性を反映させるよう教職課程を大くくり化するとしている。ここで重要なことは，大くくり化が単に大学に自由裁量を与えるためのものというよりは，「学校現場の要望に柔軟に対応できる」ように「大学と教育委員会の連携の質を格段に向上させること」（同上：17 頁）に重点がおかれているということである。これは，「教員は学校で育つ」（同上：20 頁）ものであるという考え方とも合致するものである。

たしかに，大学と教育委員会の連携の重要性があることはこれまでも指摘されてきたことではある。しかし他方で，大学と教育委員会の連携が重要であるといわれるのは，大学と教育委員会がいつも同じ方向を向いているとはいいがたく，大学での養成に対して「現場では役に立たない」という批判が寄せられてきたことを反映してのものでもある。

近年の教師教育改革は実践重視のものといえ，座学中心の「現場では役に立たない」教員養成からの脱却が企図されている。座学に関しても，教育に関する基礎的な科目よりも，より実践的な科目が重視される傾向にある。こうした動向は，日本のみならずイギリス（イングランド）でも同様で，1970 年代までは，教育史，教育哲学，教育心理学，教育社会学といった「基礎学問（foundation discipline）」に重きがおかれていた（高野　2013：12 頁）。しかしその後，教員養成がこれらの教育学分野からは切り離されるようになっていった。日本は現段階ではそこまでの動きはないが，今後の動向には注目する必要がある。

つぎに，学校インターンシップに関しては，今回の免許法改正で新たに設けられた科目である。この科目は義務づけられているわけではなく，各大学が必要だと考えれば教育実習の一部に充ててもよいとされているが，その意義が強調されている。これもまた，実践重視の傾向を示すものであり，後述の教職大学院における長期にわたる実習とも同じ方向性であるといえる。

なお，2016 年教育職員免許法一部改正に伴い，2018 年に全国の高等教育機関において，再課程認定が実施された。課程認定とは，教職課程の適格性を中教審が審査し，文部科学大臣が認定するもので，カリキュラムや教員数，教員の業績，教育内容などが審査の対象となる。今回の再課程認定で特筆すべき点は，教職課程にコアカリキュラムが導入されたことである。コアカリキュラム導入により，教職課程の授業が全国共通の基準に基づいて行われることが強く求められるようになる。

教職課程の大くくり化がうたわれ，大学の独自性が高まった一方で，コアカリキュラムが導入されて教職課程の運用が厳格化されようとしている。そのなかで，大学の独自性の発揮という目的がどの程度達成されるかについては，疑問視する向きもある。これは，教職課程が職業準備のための課程であると同時に学士課程教育の一部をなすものでもある（高野　2015：212 頁）という位置づけを考えたときに，その両立をどのようにしていくべきなのかという問題を提起するものでもある。

（3）教員採用

教員採用は，公立学校の場合，任免権者，つまり各都道府県や政令指定都市の教育委員会が実施する教員採用試験を経て決定される。教員採用試験は，各教育委員会によって独自の試験として実施されている。私立学校の場合は，各学校や学校法人などが行う採用試験を経て決定されることが一般的である。なお，公立学校の期限付任用での常勤講師や非常勤講師については，教員採用試験を経ずに採用される。

教員採用の現状については，文部科学省の統計によると，採用者に占める国立教員養成大学・学部出身者の割合は小学校 33.2%，中学校 24.3%，高等学校 14.8%であり，一般大学・学部出身者の割合はそれぞれ 58.3%，63.7%，63.9%である[10)]。無論規模の問題を考慮する必要はあるものの，統計上の数字をみると，一般大学・学部出身者の割合はいずれの段階においても多いといえる。

公立学校の場合，任命権者である教育委員会によって，管理職や学校事務職員なども含めた全職員の人事が配置される。数年ごとに人事異動があり，各都道府県・政令指定都市によってその年数は異なるが，平均 4.5 年という調査結果もある[11)]。

中教審答申では，教員採用に関して，①教職課程における学校ボランティアや「教師養成塾」などを通じて，円滑な入職のための取り組みを推進すること，②独立行政法人教職員支援機構（旧教員研修センター）が教員採用試験における共通問題を作成することについての検討，③特別免許状制度や特別非常勤講師を活用することによって，「有為な人材を教壇に確保する」という視点から，多様な人材を積極的に確保することが提示されている（中教審　2015：30頁）。

2 教員の指導環境

OECD（経済協力開発機構）では，2008年より国際教員指導環境調査（TALIS：Teaching and Learning International Survey）を実施している。同調査の結果からは，参加国（2013年調査時は34カ国・地域）における主に前期中等教育段階（中学校と中等教育学校前期課程）の教員の指導環境が明らかになる。具体的な調査項目としては，教員の状況と学校の概要，校長のリーダーシップ，職能開発，教員への評価とフィードバック，教員の教育に関する個人的な信念，指導実践，学級の環境，教員の自己効用感と仕事への満足度，であった（国立教育政策研究所　2014：6頁）。

日本の特徴をあげると，ポジティブな側面としては，「学校の雰囲気や学級の環境が良好であると校長や教員が感じていること」（同上：7頁），また，「教員の自己研鑽の意欲が高いこと，また，他の教員の授業を見学するという取り組みが広くなされていること」（同上：22頁）などがある。とくに最後の点に関しては，次節で後述するように日本の学校における校内研修などで授業研究が行われていることとの関連が指摘されている。

いっぽうで日本の教員は，一週間あたりの仕事にかける時間が54時間と参加国中最も多い（同上），「自己効力感が他国と比べて著しく低い」（同上：25頁），「職業としての教職への満足度は高いが勤務状況や職場環境への満足度は他国よりは低い」（同上）という特徴もあることが明らかになった。仕事の時間配分に関しては，部活動など課外活動の指導，一般的事務業務，個人で行う授業準備，同僚との共同作業や話し合いといった授業以外の業務にかける時間が参加国のなかでは長い。これは，いわゆる教員の多忙化問題で指摘されていることと合致している[12]。「教師の労働環境は，心身の健康に関わる問題であるとともに，教師が教育の自律的な専門家としての力量を形成し，責任を果たすことを可能にする条件である」（勝野 2016：235 頁）という点に鑑みれば，労働環境の整備は，公教育全体の問題でもあるといえる。

教員の自己効力感は，専門的な勉強会に参加したり他教員の授業見学をしたりすることで高まること，そして，満足度も他教員の授業見学と関連していることが統計的に示されている。この結果から，教員の指導環境にとって，職能開発や研修が重要な役割を果たすことがわかる[13]。

3 教員の職能開発と研修

戦後の日本の教師教育において，「現職教育の確立」は，「大学での養成」と「開放制での養成」とともに大きな柱の 1 つである（山﨑 2017）。学校教員の研修については，教育基本法第 9 条で「法律に定める学校の教員は，自己の崇高な使命を深く自覚し，絶えず研究と修養に励み，その職責の遂行に努めなければならない」と定められている。「研修」は同法の「研究と修養」に由来する。さらに，教育公務員特例法第 21 条では，「教育公務員は，その職責を遂行するために，絶えず研究と修養に努めなければならない」とされている。教育公務員の研修は，任命権者（つまり各都道府県の教育委員会や政令指定都市の教育委員会）がその計画と実施に努めなければならない（同法第 21 条の 2）。法定研修として教育公務員特例法が定めているのは，初任者研修（第 23 条）と中堅教諭等資質向上研修（第 24 条）である。中堅教諭等資質向上研修は，2016 年 11 月の教育公務員特例法改正によって，10 年経験者研修の見直しという形で導入された。これは，以下に述べる教員免許更新講習との兼ね合いが考慮されてのことである。

（1）教員免許更新講習

2007 年 6 月に教育職員免許法が改正されて教員免許更新制が導入され，教員免許に有効期限（10年）が設けられることが定められた。これにより，2009年4月1日以降，新免許状取得者[14]は10年ごとに教員免許更新講習を受講することが求められるようになった。また，有効期限がない旧免許状取得者についても，新免許状取得者同様に更新講習を受ける必要がある。教員免許更新講習を受講しなかった場合には教員免許が失効することになるが，改めて受講すれば有効になる。

2019年現在では，大学等の認定機関で提供されている講習を，2年間以内に必修領域講習6時間以上，選択必修領域講習6時間以上，選択領域講習18時間以上，計30時間以上受講する必要がある。所定の免許更新講習を受講・修了したあと，免許管理者，つまり都道府県教育委員会に申請する必要がある。必修領域は全員が受講すべき講習であり，選択必修領域は「受講者が所有する免許状の種類，勤務する学校の種類又は教育職員としての経験に応じ」て，適宜受講するものである。選択領域に関しては，幅広い範囲の開講科目のなかから選択することが可能である。こうした取り組みは，いわゆる「不適格教員」の排除を企図するものではないかという懸念も出されたが，文部科学省はこれを否定している。

（2）「学び続ける教員」を支えるキャリアシステムの構築

2016年の教育公務員特例法等の一部を改正する法律によって，校長や教員としての資質の向上に関する指標の全国的整備がめざされている。「学び続ける教員」を支えるキャリアシステムの構築が必要とされ，その基盤となる全国共通の制度がつくられたのである。「学び続ける教員像」は近年の教師教育改革のキーワードの1つで，教員は「教えの専門家」から「学びの専門家」へと変化する必要があるとされている。具体的には，文科大臣が策定する指針を受けて，各都道府県が設置する協議会（教員育成協議会）において，教員育成指標と研修計画を策定することが定められた（教育公務員特例法第22条の2，3，4）。そして，教員研修センターを改組した独立法人教職員支援機構にその支援を担うことを求め，機能強化を図った。協議会については，教育公務員特例法第22条の5で,「公立の小学校等の校長及び教員の任命権者は, 指標の策定に関する協議並びに当該指標に基づく当該校長及び教員の資質の向上に関して必要な事項についての協議を行うための協議会（以下,「協議会」という。）を組織するものとする」と定められている。その構成員は, ①指標を策定する任命権者, ②公立の小学校等の校長及び教員の研修に協力する大学その他の当該校長及び教員の資質の向上に関係する大学として文部科学省令で定める者, ③その他当該任命権者が必要と認める者である（第22条の5の2）。つまり, 教育委員会と校長, 大学が中心となって, その地域の実情に見合った教員養成・採用・研修のあり方を策定することが定められたのである。中教審答申では,「研修の実施主体が大学等を含めた関係機関との有機的連携を図りながら, 教員のキャリアステージに応じ, 教員のニーズも踏まえた研修を効果的・効率的に行うことが必要である」（中教審　2015：13頁）と強調されている。

協議会に参加する大学については, 各都道府県にある国立の教員養成大学のみならず, 私立大学も加わっている。こうした取り組みは, 一貫性のある養成・採用・研修のためには必要不可欠であるといえる一方で, 教職課程をもつ大学のなかから数校しか選ばれないという点で, その代表性については議論の余地がある。また, とくに大都市圏をもつ都道府県の場合, 全国各地から教員志望者が集まるにもかかわらず, 養成段階でその都道府県の育成指標とは異なる教育を受けている可能性もあり, ミスマッチが起こることも否定できない。

なお, 法定研修以外にも, 各都道府県・政令指定都市独自の研修が実施されていることもある。また, 教育研究団体などによって, 自発的な研修の機会が提供されている。授業研究をはじめとした校内での研修もまた教員研修の1つである。大学などで提供されている講習会の受講や, 後述の教職大学院などでの学修も, 職能開発・研修の一環である。このように, 教員には, 多様な研修の機会を通じた職能開発が求められている。

中教審答申では,「『教員は学校で育つ』ものであり, 同僚の教員とともに支え合いながらOJTを通じて日常的に学びあう校内研修の充実や, 自ら課題を持って自律的, 主体的に行う研修に対する支援のための方策を講じる」（同上：

20頁）とされ，国や教育委員会が支援しつつ，学校での実践を中心とした研修を推進することが示されている。日本のみならず，たとえばイギリスやアメリカでは近年「学校中心」の教師教育が促進されてきており，学校における教員研修を重視する動きがある。

なお，中教審答申では「新たな教育課題に対応した教員研修・養成」（同上：38頁）として，①アクティブ・ラーニングの視点からの授業改善，②ICTを用いた指導法，③道徳教育の充実，④外国語教育の充実，⑤特別支援教育の充実という5点が重点課題としてあげられている。

（3）授業研究

日本の学校教員の職能開発で重要なものの1つに授業研究がある。授業研究とは，端的にいえば「教師が同僚とともに実際の授業から学ぶ」（ルイス 2016：78頁）ことで，その様式には，「参観と批評による研究と，記録と批評による研究」（浅井　2016：36頁）がある。授業研究の目的について，稲垣は以下のように述べている。

> 授業研究は実践者である教師にとって，教師という専門的職業，プロフェッションにおける専門的力量の発展，プロフェッショナル・ディベロップメント[15]を目的とするものであり，そのために授業という実践を対象化して検討し，その研究を通して，専門的力量を発展させていく
>
> （稲垣　1996：144頁）

近年の「教員は学校で育つ」という考え方においては，授業研究への注目はこれまで以上に高まってきているといえる。中教審答申でも，次のとおりと指摘されている。

> 元来，我が国の教員に対する国際的な評価は高く，特に，「Lesson Study」と呼ばれる我が国の授業研究手法に対する関心は高い。また，

TALISにおいても示されているように，我が国の教員は，他国と比べて他の教員や他の学校の授業を見学する割合が多く，他者から学び授業改善のために学ぼうとする教員の様子をうかがうことができる。

（中教審　2015：4頁）

前述のとおり，学校を中心とした教師教育改革は日本にとどまらないが，授業研究を重視するのは，日本の特徴といってよいだろう。

（4）教職大学院

教職大学院は，2006年中教審答申「今後の教員養成・免許の在り方について」を受けて，2008年4月に専門職大学院の1つとして設立された。専門職大学院とは，「学術の理論及び応用を教授研究し，高度の専門性が求められる職業を担うための深い学識及び卓越した能力を培うことを目的とするもの」（学校教育法第99条の2）であり，法科大学院などもこれにあたる。45単位が課されており，修業年限は通常2年間である。修了すると「教職修士（専門職）」の学位が授与され，専修免許状の取得も可能である。19校（国立15校，私立4校）でスタートした教職大学院は，2017年には53校になり，現在ではほとんどの都道府県におかれている。

教職大学院には，学部新卒者向けのコースと中堅教員向けのコースが設置され，若手教員（志望者）の育成とスクールリーダーの育成の両方を担うことが求められている。教職大学院の特徴としては，長期にわたる実習が必修単位化（10単位）されている，修士論文が課されないといったことが指摘できる。また，実務家教員の割合も4割以上と定められており，研究者教員と実務家教員の協働による大学院運営が求められている。そこで重視されるのは理論と実践の往還あるいは統合であり，教員の職能開発をより現場に近い形で行おうとするものといってよい。

こうした教師教育の支えになっているのが，「省察（reflection）」によって理論と実践を架橋するという，ショーンの提唱した「省察的／反省的実践家

(reflective practitioner)」(ショーン 1983 = 2007) という専門職像である。ショーンは，これまでの専門家像を「技術的熟達者 (technical expert)」と捉え，「どの教室にも普遍妥当な『科学的な技術』を適用するのではなく，ここの教室，教師，子どもや，教材に対応した実践を『状況との対話 (conversation with situation)』を通じて省察し，その省察において理論と実践の統合をはかる」(佐藤 2016：5頁) ことを省察的実践家モデルで提示している。

教員の資質能力の高度化に向けて，教職大学院に寄せられている期待は大きい。中教審答申では，改革の具体的な方向性として，教職大学院を教師教育改革の中心に据えることが示されている (中教審 2015：56頁)。具体的には，教職大学院を量的に拡大することや，教職大学院を中心とした大学における履修証明プログラムを実施すること，現職教員対象の研修や教員免許更新講習を教職大学院の単位として認定することなどがあげられている。

このように教職大学院がますます重点化され，インセンティブが付与されるようになる一方で，開放制での教員養成がもたらした多様性の維持については十分に考えられていないという懸念も示されている (牛渡 2016)。この点については，果たして「学び続ける教員像」が万能なのかについても含めて，考慮されるべきだといえる。

4 教師教育改革の意義と課題

総じて，近年の教師教育改革のキーワードは，「学び続ける教員像」と「学校中心」に集約されるといえよう。

前者については，ショーンの「省察的実践家」をモデルとしながら，入職段階の教員養成だけではなく，現職研修なども含めた，30余年にわたる教員生活全体をカバーするような視点をもち合わせていることが特徴である。具体的には，「学び続ける教員像」の確立に向けて，教員養成・採用・研修を，学校を中心に据えながら包括的に行うということを強く意識したものであるといえる。それは，これまでのような“養成は高等教育機関で，採用は教育委員会で，職能開発や研修は教育委員会と現場で”という分断[16]を解消し，教員のキャリアステージを一貫性のあるものとして捉えて大学と教育委員会と現場が協働しながら教師教育を行うという改革理念の表れである。

後者については，学校を中心として実践を重視することで，これまでのような「現場では役に立たない」教員養成のあり方を克服できるという考えに裏打ちされたものであるといえよう。実践重視なくして「省察的実践家」育成はありえず，その意味においても学校を中心に据えることは不可欠であるといえる。

このように前者と後者は密接に関係しているのであるが，同じように「学校中心」の教師教育改革が行われているイギリス（イングランド）で2010年から始まった，スクール・ダイレクト（School Direct）という教員養成ルートでは，大学の役割は従属的なものとなり，学校での実践に偏るという事案も出てきている。また，教員養成・採用・研修[17)]を包括的に行うティーチング・スクール（Teaching School）という取り組みでは，学校に多大なる権限を与えて教師教育の主要プレーヤーにしようという意図が見え隠れしている。それは同時に，大学が教師教育で果たす役割を減じるものになりかねない。

日本における教員養成の歴史を紐解けば，それは，師範モデルと学芸モデルの相克をどのように克服していくか，そして「大学における理論と教育現場における実践という溝」（油布　2016：148頁）をどのように埋めていくのかという課題を常にかかえながら今日に至っている。こうした課題を乗り越える可能性を秘めたものとして，省察的実践家モデルが注目を浴び，近年の教師教育改革もこれに沿ったものとなっている。たしかに，それは世界的な傾向でもある。しかしながら，果たしてどのような教育内容や制度があれば省察的実践家を育成できるのか，あるいはそもそもそれだけが唯一の望ましい教員像なのかについては，必ずしも明確な答えが出ているわけではない。

来るべき教員像に関していえば，たとえば，「市民としての教員」という視点が出されている（広田・小玉・下司　2016）。それは，「単なる技術者を育てるというのではなくて，社会や人間についてしっかりと分かった人を育成する」ことをめざすものだとされている。そして，大学と学校や教育委員会などの学校現場との連携については，両者の間にあるズレを解消するのではなく，むしろそのズレの意義を認めていくことこそ重要であることが示されている(同上：227頁)。

また，今一度考えるべき問題としては，高等教育改革と教師教育改革の関係性の問題もある。近年，学士課程教育の質保証の重要性が強調されているなかで，教職課程が学士課程教育の一部としてアカデミックな意味で十分かどうかという観点から問われる必要がある。実践を重視する近年の流れであるからこそ，その質が十分なものかが問題となる。そうでなければ，「大学における養成」という戦後以降の基本理念そのものの意味が問われることになってしまう。この問題は，学問としての教育学のあり方という点でも重要である。

本章でみてきたように，教師教育のあり方は，どのような専門職像を描くのかによって，さらにいえばどのような公教育を描くのかによって変わってくる。また，大学の役割をどのようなものとして設定するかも重要な課題となる。今後の教師教育改革がどのように展開していくのか，注目する必要がある。

深い学びのための課題

1．公教育の担い手としての教師は，どのような存在であるべきであるか。本章に出てきた「技術的熟達者としての教師」「省察的実践家としての教師」「市民としての教師」など，いくつかの視点を参考にしながら，その根拠とともに考えてみよう。
2．教員養成・教師教育における大学と教育現場の関係はどうあるべきであろうか。教職課程で教育学を学ぶ意味とともに考えてみよう。

注

1）一条校のうち，大学（短期大学および大学院を含む）および高等専門学校の教員には，教員免許が必要とされていない。

2）認定こども園の職員の資格に関しては，2006年制定の「就学前の子どもに関する教育，保育等の総合的な提供の推進に関する法律」，いわゆる「認定こども園法」第15条によって，幼稚園の教諭の普通免許状の取得および保育士登録（児童福祉法第18条）が必要とされている。

3）校長に関しては，以前は普通免許状保持者かつ一定期間以上の教育経験がある者に限られていたが，2000年の学校教育法施行規則の一部改正によって，教員免許をもたない者であっても，10年以上「教育に関する職」にあれば，校長になることができるようになった（施行規則第20条の2）。ここでいう「教育に関する職」とは，学校事務職員，教育委員会職員などを含む。併せて，同等の資質をもつと認められれば，教員免許をもっておらず，かつ教育に関する職に就いたことがない者であっても校長に登用することが可能となった（施行規則第22条)。いわゆる「民間人校長」は，この改正によって法的な根拠を与えられたものである。教頭もまた，校長と同様，任用資格が緩和された。

4）大学や短期大学の教職課程以外にも，幼稚園教諭二種免許状，小学校教諭二種免許状，特別支援学校自立活動教諭一種免許状については，文部科学省が開催する教員資格認定試験（2018年度以降は独立行政法人教職員支援機構が試験実施実務を担当）に合格するというルートもある。この試験に合格した者は，都道府県教育委員会に授与申請することで教員免許を取得することが可能である。

5）たとえば，日本における医師・看護師の養成は計画養成である。海外では，イギリス（イングランド）などのように，教員養成にも計画養成が導入されている国もある。

6）現職教員は，免許法認定講習・公開講座・通信教育を通じて必要な単位を修得することで，より上位の免許状や他の免許状を取得することが可能である。これは，大学のほか，都道府県教育委員会によっても提供されている。

7）中教審答申ではこのほか，中学校及び高等学校の教諭の免許状取得者による小学校での活動範囲の拡大や教員の教職経験を考慮した免許状併有の促進，特別免許状の手続き等の改善などが提示されている（中教審　2015：52頁)。

8）2018年度に教育課程外におかれていた道徳が「特別の教科 道徳」として位置づけられるようになったことが影響している。また，「総合的な学習の時間等に関する指導法」については，今回からおかれることとなった。

9）そのほか，小学校・中学校の教員免許取得にあたっては，特別支援学校や社会福祉施設における7日間の介護等体験が義務付けられている。これは，1997年「小学校及び中学校の教諭の普通免許状授与に係る教育職員免許法の特例等に関する法律」によって「義務教育に従事する教員が個人の尊厳及び社会連帯の理念に関する認識を深めることの重要性にかんがみ，教員としての資質の向上を図り，義務教育の一層の充実を期する観点」（第1条）から制定されたものである。また，教職実践演習は，2009年施行の「教育職員免許法施行規則の一部を改正する省令」によって，2013年度より実施されている。普通免許状取得のためには必要な科目である。この科目の趣旨は，「当該演習を履修する者の教科に関する科目及び教職に関する科目（教職実践演習を除く。）の履修状況を踏まえ，教員として必要な知識技能を修得したことを確認する」（第6条）というものである。教職実践演習は，教職課程の総まとめとしての位置づけにあるといってよいだろう。

10）文部科学省ウェブサイト http://www.mext.go.jp/a_menu/shotou/senkou/__icsFiles/afieldfile/2017/02/17/1381770_1.pdf（2020年8月18日最終閲覧)。

11）TALIS2013年の結果。

12）ただし，自己効力感に関しては，あくまでも教員の主観によるものであるため，客観的な達成度とは切り離して考える必要があることが指摘されている（国立教育政策研究所　2014：25頁)。

13）最新（2018年実施）のTALISの結果については，国立教育政策研究所編（2019）を参照のこと。日本はTALIS 2018で前期中等教育段階（コア調査）と初等教育段階（オプション調査）の調査に参加した。なお，本節で言及した教員の一週間あたりの仕事にかける時間に関しては，中学校教員の場合56.0時間（参加国平均38.3時間)，小学校教員の場合54.4時間であり，それぞれ参加国のなかで最も長い。

14）2009年4月1日以降に初めて授与された免許状。旧免許状は，2009年3月31日以前に初めて授与された免許状である。

15）専門職能開発のこと。

16）なお，教育行政の視点からみれば，以前は教員採用と教員研修の所掌部局は初等中等教育局教職員課，教員養成の所掌部局は高等教育局大学振興課教員養成企画室であったが，2018 年 10 月に新たに設置された総合教育政策局教育人材政策課の所掌となった。

17）①学校主導の教員養成，②継続的な専門職能開発，③他校への支援，④潜在的リーダーシップの検討及び発展，⑤専門的なリーダーの募集及び管理，⑥研究と発展という 6 つの領域。

引用・参考文献

浅井幸子（2016）「教師の教育研究の歴史的位相」佐藤学編『学びの専門家としての教師』岩波書店

中央教育審議会（2006）『今後の教員養成・免許の在り方について（答申）』

――（2015）『これからの学校教育を担う教員の資質能力の向上について～学び合い，高め合う教員育成コミュニティの構築に向けて～（答申）』

広田照幸・小玉重夫・下司晶（2016）「アクティブ・ラーニングで市民と教師を育てる？―教員養成の社会科学」下司晶・須川公央・関根宏朗編著『教員養成を問いなおす―制度・実践・思想』東洋館出版社

稲垣忠彦・佐藤学（1996）『授業研究入門』岩波書店

加野芳正（2017）「第 8 章 教員の需要と供給　第 2 節 現在と今後」日本教師教育学会編『教師教育研究ハンドブック』学文社

勝野正章（2016）「教師の職務の公共性と専門家としての責任」佐藤学編『学びの専門家としての教師』岩波書店

国立教育政策研究所編（2014）『教員環境の国際比較―OECD 国際教員指導環境調査（TALIS）2013 年調査結果報告書』明石書店

――（2019）『教員環境の国際比較―OECD 国際教員指導環境調査（TALIS）2018 報告書』ぎょうせい

キャサリン・C・ルイス（2016）「アメリカの研究者の視点からとらえた日本の教師文化」佐藤学編『学びの専門家としての教師』岩波書店

日本教師教育学会編（2017）『教師教育研究ハンドブック』学文社

佐藤学（2016）「学びの専門家としての教師」佐藤学編『学びの専門家としての教師（岩波講座　教育　変革への展望第 4 巻）』岩波書店

ドナルド・A・ショーン／柳沢昌一・三輪健二監訳（2007）『省察的実践とは何か―プロフェッショナルの行為と思考』鳳書房

高野和子（2013）「教員養成と教育学研究―高等教育の中での教員養成の位置とも関わって」『日英教育研究フォーラム』17，11-16 頁

――（2015）「イギリスにおける教員養成の『質保証』システム―戦後改革からの 40 年」『明治大学人文科学研究所紀要』77，209-242 頁

牛渡淳（2016）「教師政策の課題と展望」佐藤学編『学びの専門家としての教師』岩波書店

山﨑準二（2016）「教師教育の多元化システムの構築」佐藤学編『学びの専門家としての教師』岩波書店

油布佐和子（2016）「教師教育の高度化と専門職化」佐藤学編『学びの専門家としての教師』岩波書店

第6章
学校と地域の連携

日本の学校教育では，従来，学区を中心とした地域の自然・文化・産業を教育活動に取り入れたり，保護者・地域住民，さらには地域に存在する組織や機関と連携したりして，教師だけではできないさまざまな活動を行ってきた。ほとんどの読者も，児童・生徒としてこうした活動を経験したことと思われる。

しかし，近年では，もともとあったこうした地域との連携をさらに推し進め，組織的なものにしようという国の政策方針を受け，多くの学校で新たな取り組みが行われてきている。そして，後述するように，保護者や地域住民が，教育実践に協力するというだけではなく学校の運営や方針の決定にも参加するための仕組みもできた。

こうした動きが強まるのは，1990年代後半から2000年代前半である。世紀転換点を挟んで本格化した学校と保護者・地域住民の連携強化政策の背景にはどのようなものがあったのだろうか。本章では，とくに学校運営協議会（コミュニティ・スクール）という制度の成立と展開に照射して論じていく。

1 世紀転換点前後の教育政策をめぐる情勢

当時の時代状況の第一として，「生きる力」を標榜した学習指導要領が実施されつつあった時代だったということがあげられる。2002年度から順次実施されていったこの学習指導要領は，週5日制を完全実施したり，総合的な学習の時間（以下，総合学習）を新たに設定したりするなど，大きな教育課程上の変化をもたらした。そのキーワードは「生きる力」であり，「知識を一方的に教え込むことになりがちであった教育から，子供たちが，自ら学び，自ら考える教育への転換を目指す」[1)]ものであった。

第一の点とかかわって，第二に，学校の自律性が強調された時代だった。前述の学習指導要領では,「教育内容の精選」を1つのキーワードとするとともに,ただ減らすのではなく,その代わりに「総合的な学習の時間」を創設し,教科横断的な課題について,探究的・活動的な学習を学校レベルで組織することが企図された。このことのポイントは,「国として定める教育内容」の分量を削る一方で,地域性をふまえながら学校単位で教育課程をつくり上げる必要性を提起するものであったことにある。当時は,そのほかにも学校予算の校長裁量を増やすことや,校長の権限を強化し,リーダーシップのもとで特色ある学校づくりを進めることが推奨されたのである。

当時の状況を特徴づける第三の点は,公立学校に対する鋭い批判がなされ,学校制度のドラスティックな改革が叫ばれていたことにある。いわゆる「学級崩壊」や,「学力低下」問題を背景に,学校批判がマスコミを賑わせていた。首相のもとにおかれた諮問機関である教育改革国民会議の報告が,公立学校の現状を「お客がくることが決まっているまずいレストラン」[2)]と形容したことが象徴するように,公務員バッシングの流れも受けながら,公立学校に対してその「非効率性」などを批判する論調が力を得ていた。

これらは,いずれも,学校運営に対して保護者や地域住民などの「外部」の目・声・力を取り入れ,連携を強めることへの社会的背景を提供するものであった。こうして,「地域に開かれた学校運営」「開かれた学校づくり」[3)]という概念が,文部科学政策のなかに現れてきたのである。

2 学校運営への保護者・地域住民の参加

このような時代背景を受け,さまざまな政策が進められていった。

まず法制化されたのが,学校評議員制度である。これは,地域住民や保護者などを「学校評議員」に委嘱し,校長の求めに応じて,学校運営に関する意見を述べることを可能にする制度であり,「我が国で初めて地域住民の学校運営への参画の仕組みを新たに制度的に位置付けるもの」(文部科学省 2002)であった。「学校が保護者や地域住民の意向を把握し,反映するとともに,その協力を得て学校運営が行われるような仕組み」[4)]として2000年度に法制化されるに至った学校評議員制度は，2002年度には47.0%，2003年度には62.4%，2004年には72.0%の公立学校で実施されるなど，全国の学校に広まっていった[5)]。しかし，この制度については，その初期から形骸化を指摘する声もあった。それは，「校長の求めに応じて」意見を述べるという形式をとっていたからである。学校運営に民間経営手法や外部の目線を取り入れることで学校制度のあり方そのものを改革するべきという当時の論調[6)]にも影響されながら，中央教育審議会は，2004年，学校評議員制度に対して，「運用上の課題を抱え，必ずしも所期の成果を上げ得ない学校もある」「校長の求めに応じて意見を述べるという役割を超えて，より積極的に学校運営にかかわることができるような新たな仕組みを検討すべき」[7)]という指摘を行い，早々に否定的評価を述べた。そして制度化されたのが「学校運営協議会」であった。

学校運営協議会は，保護者や地域住民などから構成される学校に設置された協議機関である。その一番の特徴は，表6.1に示した3つの権限（法定3権限）が与えられているということである。

学校評議員と学校運営協議会は，どちらも，学校運営に対して保護者や地域住民の参加を得て，その意見を反映することを大きな趣旨としているという点では類似したものであるが，それらの間には，次にまとめたような大きな違いがある。

第一に，学校評議員は，個人として意見を述べるのに対し，学校運営協議会は，会としての合議に基づき，承認などの形式で意思決定や意見表明を行う。そのため，前者の場合は必ずしも学校評議員が集まって会議をすることは必須ではなかったが，後者では定期的な会合がもたれることとなった。第二に，学

表6.1　学校運営協議会の法定3権限

A学校運営方針の承認	…教育課程等，校長が作る学校運営の基本方針に対して承認をする（校長は承認を受けて学校運営を進めねばならない）。
B運営意見の申し出	…学校運営に関する意見を教育委員会や校長に述べる（述べることができる）。
C任用意見の申し出	…教職員の任用に関して任命権者である教育委員会に意見を述べる（述べることができる）。任命権者はこれを尊重する。

校評議員は，校長の求めに応じて意見を述べるだけで，拘束力のある決定は行わないが，学校運営協議会は前述のような３つの権限を与えられている。とくに，教職員の任用に対する意見を述べることができるというのは，教職員人事制度に対する大きな変更であった。第三に，学校評議員は学校教育法施行規則に規定されているのに対し，学校運営協議会は地方教育行政の組織及び運営に関する法律を根拠法令としている。これは，学校運営協議会が，地方教育委員会に対して学校運営に関する意見や，教職員の任用に関する意見を述べることができるなど，学校の管理にとどまらず，教育行政制度の権限バランスの変化をもたらしうることに対応したものであるといえる。

なお，慣例的に，学校運営協議会を設置した学校のことを「コミュニティ・スクール」（CS）と通称することが多い。

3 空洞化した学校運営協議会の権限行使

前節で述べたように，学校運営に保護者・地域住民の参加を促す制度は，数年の間に整備されてきた。これらは具体的にどのように展開したのだろうか。とくに，学校運営協議会の実態に照準して述べていきたい。

まず数のうえから確認すると，学校運営協議会は当初ほとんど広がらなかった。その理由はさまざまあろうが，１つは教職員の任用に関する意見による学校運営の混乱への懸念が大きかったと考えられる。また，学校批判（前述）の論調のなかで制度化されたという経緯から，学校を外から監視するものとして機能するのではないかとのおそれもあっただろう。設置は任意であったこともあり，導入から３年経ってもその数は197校（2007年度）にすぎなかった[8)]。公立小学校・中学校が全国で３万弱あることを考えると，コミュニティ・スクールはきわめて例外的なものにとどまっていたといえる。

また，教育課程・学校予算・人事といった学校運営の「鍵的領域」（岩永ら 1992）[9)]に保護者・住民が参加することに対しては学校側の忌避感が強く，他方，保護者・地域住民自身においても遠慮があり，双方の準備性（レディネス）（岩永　2008）が低いことが指摘されている。

さらに，学校分権の理念は，全面的に開花する前に後退した。当時の学習指導要領は，全面実施前から「ゆとり教育」と批判され，文部科学省（以下，文科省）も世論に押される形で「確かな学力」を強調しだした。さらに，2007年には全国学力・学習状況調査も始まった。学力低下を懸念する世論を意識して導入されたこの調査は，「調査」以上のインパクトをもち，その平均点やランキングに議論が集中したことは周知のとおりである。保護者・地域住民の参加を得て，探究型の総合学習のような学校独自の教育課程をつくり上げていくという理念が実現していく前に，「脱ゆとり」の学習指導要領に移行（2008・2009年に改訂）。全体の授業時数は増加した反面，象徴的だった総合学習の時数は減少した。こうしたことの複合的効果の帰結として，学校運営協議会の権限行使は空洞化していった。

図6.1は，日本大学の佐藤晴雄が文科省から委託を受けて，2011年度・2014年度にコミュニティ・スクールの校長を対象に行ったアンケート調査の結果を示している（それぞれ，詳細は文部科学省　2012・2015）。これをみると，学校運営協議会の重要な権限である，校長の運営方針への承認や意見について，それを「申し出なかった」学校が7～8割であった。また，「校長の方針に対し不承認も修正意見もなかった」が90.4％となっている。

図6.2は，筆者が，2010年に共同研究者とともに行ったコミュニティ・スクールへの調査結果である。ここでは，「教育課程」に対してどの程度意見を反映しているかを，校長，副校長／教頭，教員，保護者，学識経験者，地域住民にそれぞれ自己評価してもらい，「意見を反映している」に対して，「あてはまる」＝4，「全くあてはまらない」が1の4段階の平均得点を示したものである。これをみると，保護者や地域住民は，ほかの主体より意見反映の程度が

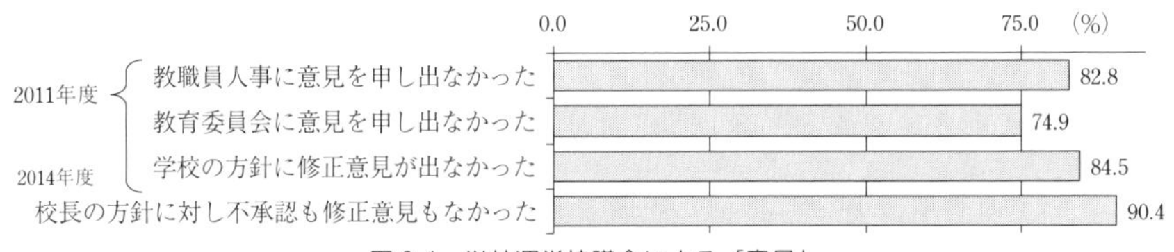

図6.1　学校運営協議会による「意見」

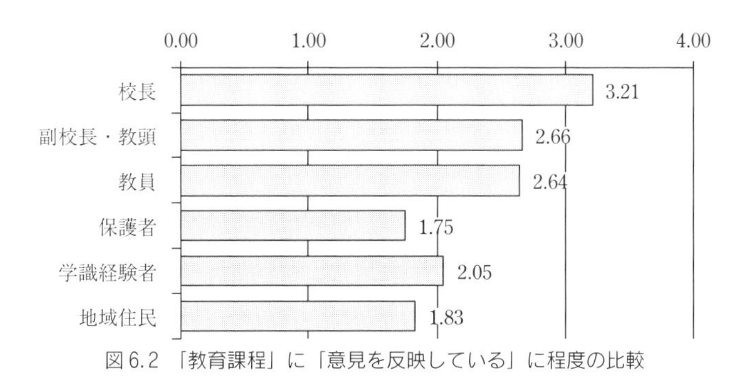

図 6.2 「教育課程」に「意見を反映している」に程度の比較

低くなっていることがわかる（仲田　2015)。

以上からは，与えられた権限が必ずしも活用されているといえない状況であることがみてとれる。これについて，前述の佐藤は，「特に指定の新しい学校は，まだCSの機能を十分発揮する段階にないようだ」と述べ，制度の成熟に時間がかかることを示唆している[10)]。

4 「学校支援型コミュニティ・スクール」の叢生

さらに，図 6.3 をみてほしい。これは前に紹介した 2014 年度の文科省委託研究のなかで，学校運営協議会の「成果」をたずねた結果を示したものである。8 割を超えるコミュニティ・スクールの校長が成果ありと認識した項目を並べてみると，一定の傾向がみてとれる。すなわち，「学校と地域が情報を共有するようになる」「学校に対する保護者や地域の理解が深まる」といった相互理解をもとに，「地域と連携した取組が組織的に行えるようになる」「保護者・地域による学校支援活動が活発になる」といった学校支援の活性化が図られ，「特色ある学校づくりが進む」という流れがみてとれる。先に，学校運営協議会は法に定められた権限事項を十分に活用しきれていないと述べたが，何もしていないというのではなく，学校支援を中心に議論・活動をしていたのだということがわかる。

ここまでに論じてきたような学校運営協議会の運用実態を，岩永定は「学校支援型コミュニティ・スクール」と呼んだ（岩永　2011)。雑駁にいうと「学校

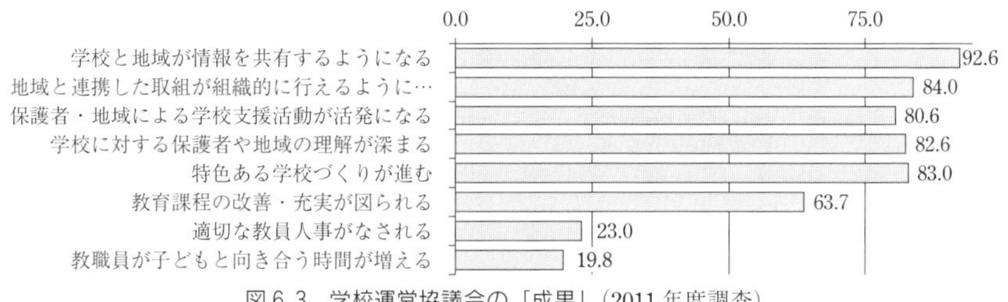

図 6.3　学校運営協議会の「成果」(2011 年度調査)

支援の企画・実行委員会」のようなものであるといってよいだろう。

「学校支援型」によるコミュニティ・スクールの運用は，学校へのボランティア活動を推奨する国の政策にも後押しされることになった。2008 年度，文科省は「学校支援地域本部」という仕組みを導入した。ボランティアと学校側のニーズ調整を行うコーディネーターを配置するこの事業は，コミュニティ・スクールの数を追い抜く勢いで普及した。一例として，2014 年度には 9058 校，全公立小・中学校の約 30%をカバーするまでになっている。学校支援地域本部のほかに，放課後子ども教室など，学校と地域が連携して実施する教育支援の活動が急速に広がっていった。

多くのコミュニティ・スクールでは，学校運営協議会に「学校支援部会」などの部会をおき，教育課程内外でさまざまなボランティアやイベントを動かしている。学校支援地域本部とコミュニティ・スクールの両方を活用して地域連携を進める学校も増えていった（佐藤編著　2010・2018）。

5 「学校安全の責務」における地域連携と「地域とともにある学校」理念の登場

「学校支援型」の運用がある程度広まるにつれ，当初のような学校運営協議会に対する忌避感も次第に薄れていった。文科省による広報も少しずつ奏功し，2008 年には 343 校だったコミュニティ・スクールは，2009 年には 468 校，2010 年には 629 校，2011 年には 789 校となった。

大きな転機になったのは，2011 年の東日本大震災を経て，学校が地域と連携することの必要性が改めて認識されたことがある。

東日本大震災のあと，学校が機能修復に向けてどのように対応を行ってきたのかをまとめた荒井ら（2013：92頁）は，「地域住民等との顔合わせ，訓練，交流等の度合いが高ければ高いほど，震災対応（特に避難所運営）はスムーズであった」「特に，地域にすでに定着している地縁的組織（自治会・町内会など）との連携が力を発揮した」と指摘し，平素の連携活動などが，避難所の運用・運営において正の効果を発揮しうることを示唆している。

こうした経験は，学校と地域の連携を，学校安全の責務という観点から捉え直す機運を醸成するものであった。従前，学校において作成が義務づけられている「危機管理マニュアル」[11)]は，学校や地域の状況に応じて策定されるべきとされていたが，作成・訓練・改善のいずれの段階においても地域との連携を進め，非常時の運営に資するための動きが各地でなされた。

学校側が地域や保護者の支援を求めるのみならず，学校が地域にとっての拠点となるという両面性が意識されるなかで，新たに用いられはじめたのが「地域とともにある学校」という理念である。これは，「開かれた学校」という理念を一歩進め，地域と学校との一体性を強調し，そこに向けた学校運営の工夫を求めるものであった。学校運営協議会は「地域とともにある学校」づくりの「有効なツール」として位置づけ直され，2012年度には1183校，2014年度には1919校，2016年度には2806校と，普及のペースが加速していった。

6 政策パッケージのピースとしてのコミュニティ・スクール

2015年3月，教育再生実行会議が，すべての公立学校をコミュニティ・スクールにするべきとの提言を発した[12)]。これを受け，中央教育審議会は学校運営協議会制度のあり方に関するスピード審議を行い，同年12月には答申[13)]が出された。これを受け，学校運営協議会のあり方に若干の変化があった。

第一の変化は，法定3権限は維持されたが，教職員の任用に関する意見については，あらかじめどのような意見を聴取するかについて教育委員会規則で規定することとした。出されうる意見の範囲を絞ったり，そもそも任用に関する意見を権限から除外することを許容し，教育委員会における忌避感を軽くさせるものであった。

第二の変化は，学校運営協議会の役割について，校長による学校運営を支援するものとして法律上に位置づけたことである。前述の中教審答申は，学校運営協議会について「ややもすれば，学校が地域住民や保護者等の批判の的となるのではないかといった印象を持たれてしまう」としていた。その反省から，学校への支援的機能を果たすものとしての位置づけを明確化したのである。

これらの2点を前提として，すべての公立学校をコミュニティ・スクールにすることを，各地方教育委員会の努力義務としたのが第三の変化である。

以上は，2017年3月に改正された地方教育行政の組織及び運営に関する法律第47条の6に示されている。これらを含めた変化についてまとめたのが，表6.2（次頁）である。

15年あまり変わることのなかった学校運営協議会の法制度は，かくして，「学校支援型コミュニティ・スクール」という現場の運用を追認する形で改正された。その前提には，学校がかかえる諸問題がこれまでになく多様化し，複雑化しているという認識がある。学校運営協議会の制度改正の背景として，中教審答申は，「社会に開かれた教育課程」の実施，教職員の多忙化への対応，子どもの貧困，さらには「地方創生」や「一億総活躍」といった政権のスローガンをもあげている。これまで，学校運営改善の手段として地方教育委員会や学校が選択可能な一(いち)メニューだった学校運営協議会は，コミュニティでの人々の活動を活性化することで，学校に課せられた諸問題を解決しようとするための必須の手段としてパッケージ化され，全国化が企図されるに至ったのである。

7 コミュニティ・スクールのゆくえをどう展望するか

以上，コミュニティ・スクールのあり方をめぐる政策の紆余曲折を概観してきた。ここで，コミュニティ・スクールへのいくつかの留意点も指摘したい。

1つは，学校と地域とがかかわる際に，地域の人間関係が学校運営協議会に流入してくることに注意が必要である。地域では，男性年長者が意思決定に優

表 6.2　学校評議員・学校運営協議会の比較

	学校評議員（2000 年）	学校運営協議会	
		2004 年当初	2017 年度の法改正（現制度）
性格	校長の求めに応じ，学校運営に関し意見を述べる。（合議制をとっていない）	校長及び教育委員会が行う学校運営や教職員人事に一定の権限をもって関与する合議制の機関。	→左記の位置づけは基本的に変わらないが，「学校運営への必要な支援に関する協議」も行うものとして役割を明確化する
任命等	校長の推薦により，設置者が委嘱	設置者が定める規則に基づいて設置者が任命	→基本的に変わらないが，委員の任命にあたり，校長が意見を述べることができることを明示
任務	校長の求めに応じ，個人として意見を述べる。（学校運営に関して何らかの拘束力や制約のある決定などを行うものではない。）	校長及び教育委員会が行う学校運営や教職員人事について関与する。協議会は，具体的には以下の法定 3 権限を有する。 ①校長が作成する教育課程や学校予算などにかかる学校運営の基本的な方針について承認（校長は承認を受けなければならない） ②学校運営に関して校長や教育委員会に意見 ③当該学校の職員の任用について任命権者に意見	→左記の法定 3 権限があることは同じだが，以下の点を明確化。 ・協議会において，学校運営への必要な支援に関する協議も行うよう，役割を見直すとともに，協議会は，協議の結果に関する情報を地域住民等に提供するよう努めることとする ・教職員の任用については，どのような事項について意見を聴取するか，予め教育委員会規則で定める
根拠法令	学校教育法施行規則 第 49 条	地方教育行政の組織及び運営に関する法律　第 47 条の 5（当時）	地方教育行政の組織及び運営に関する法律　第 47 条の 6
設置	任意	任意（市町村教育委員会が行う）	市町村教育委員会に設置の努力義務
設置単位	各学校	各学校	→各学校に 1 つの学校運営協議会でも，複数校に 1 つの学校運営協議会でもよいことに。（小学校・中学校が近接している場合など）

位に参与し，保護者・女性が下働きの位置に甘んじている状況が往々にしてある。既存の権力関係は，学校運営協議会にも影響を与え，また学校と地域が連携して行う諸活動にも表面化する（仲田　2015）。こうした地域の封建的な人間関係が「男が上，女が下」などのメッセージを暗黙的に子どもたちに伝えてしまうことが懸念される。

2つ目は，保護者の家庭教育や地域の生涯学習の自律性を重視し，すべてを学校教育に結びつける発想と距離をおくことである。このことに関連して，前述の中教審答申の次の部分に注意を喚起したい。

> 〔学校運営協議会は〕「校長の作成する学校運営に関する基本的な方針の承認等を通じ，校長のビジョンを共有し賛同するとともに，地域が学校と一定の責任感・責任意識を分かち合い，共に行動する体制を構築するもの」
>
> （中教審　2015：16頁）

この引用部分だけを取り出してみると，運営方針を承認したということは，校長の意に賛同したことを意味するのだから，全員が協力する責任を負うのであって，協力しないのはもっての外だという極端な解釈もできてしまうかもしれない。しかし，家庭教育や社会教育の自由を考慮すれば，すべてを学校教育に結びつける立論は危険というべきである。学校と地域の一体性を強調しすぎることで，個々の活動の自律性を損なうことがあってはならない。学校運営協議委員会は地域や保護者の一部であって，必ずしも総意を代表しているとは限らないことも考慮すれば，上記引用部は，学校運営協議会への忌避感を軽減するためのレトリックだとして割り引いてみるべきであろう。

これにかかわってもう1つは，地域とはこういうものだ，家庭とはこうあるべきだという固定的な規範を相対化する必要を指摘したい。一例としてしばしば地域をあげて「早寝早起き朝ごはん」運動がなされるが，筆者はこれに批判的である。というのも，ダブル（トリプル）ワークをしてそれがかなわない親がいる実態への配慮が欠けていると言わざるを得ないからだ。今や，地域には共働き家庭もあれば専業主婦（夫）家庭もある。宗教・言葉・価値観も多様化している。外国にルーツをもつ家庭も多い。しかしながら，多くの学校をみていると，つい「昔はこうだった」「この地域は本来こうである」「親たるものこうすべきだ」といった論調に流れがちである。学校運営協議会に集うのは「地域の名士」（またはそれに準じる人）たちだからなおさらであろう。こうした規範は，特定の価値観に基づく誰かへの批判でありながら，「当然のもの」として中立的な装いをまといながら誰かを周縁化する言説になりがちである。「昔はよかった」という規範論に流れる前に，多様化・多元化という現実を直視し，そのなかで“学校教育にふさわしい共同性”を少しずつつくり直していく作業が必要というべきだろう。

改めて確認したいのは，学校へのボランティアなどの活性化などによって，学校と保護者・地域住民が友好な関係のもと，相互の連携や交流を増すことは有意義であるが，それはコミュニティ・スクールのポテンシャルの１つの側面にすぎないということである。もしコミュニティ・スクールの機能を学校支援にとどめるならば，保護者・地域住民抜きに学校の方針を決め，周縁的な人手の提供だけを求められていた過去とちがうところがなくなってしまう。岩永は，ここ数年広がったボランティアなどの学校支援活動のなかで，学校にかかわる各主体は，教育に関する情報にふれ，教育に関する自分なりの考えを確立していっているはずだとし，学校支援活動の積み上げのうえに，多くの関係者が「対等の関係で意見交換をし，合意形成をしていく参加・共同決定型コミュニティ・スクールに進んでいく必要」があると述べる（岩永　2011：50-52頁）。そのための「仕掛け」を意識していくことが求められてくる。そうした「仕掛け」としてどのようなことが考えられるだろうか。

第一に，教育の本質に迫ることのできる適切なアジェンダ（議題）の設定が重要であろう。“学校運営方針の承認”というだけだと内容は広範で，かえって焦点を絞った参加がむずかしくなる。保護者・住民が具体的根拠をもって意見を述べていける課題を設定することが求められる。

第二に考えられるのは，「教育委員会に対する意見」の活用である。ある学校では，子どもの貧困や発達障がいへの対応が学校運営協議会での課題となった。保護者や地域住民は，授業時の見守りや放課後の学習会を開催するなど，自らできる支援に乗り出したが，それだけでは十分ではない。特別支援教育支援員や学校支援コーディネーターの週あたり勤務時間の増加を，学校運営協議会として教育委員会に対して要望した。こうした取り組みは，地域・保護者がやってくれるからといって行政責任を後退させないよう釘を刺す意味でも重要である。

第三に，議論の場に子どもの参加を促すことである。学校運営協議会は，児童・生徒を委員として参加させることは前提としない制度である[14)]。しかし，日本も批准する「子どもの権利条約（児童の権利に関する条約）」の 12 条 1 項には「締約国は，自己の意見を形成する能力のある児童がその児童に影響を及ぼすすべての事項について自由に自己の意見を表明する権利を確保する。この場合において，児童の意見は，その児童の年齢及び成熟度に従って相応に考慮されるものとする」とある。正規委員ではなくても，子どもを，その発達段階を考慮しながら議論の場に参加できるように工夫することで，子どもの意見表明権を保障すると同時に，その能力を高め，子どもたちや，大人（教師や保護者）をエンパワーすることができるという研究もある（平田　2004）。学校運営協議会ではないが，子ども参加の学校協議会を設定する動きが草の根で広まっている（宮下　2004）。

「地方自治は民主主義の学校」という言葉があるように，学校のあり方をめぐって学校レベルの話し合いがもたれることはそれ自体としての価値をもつ。自分とは意見の異なる他者と話し合う場をもち続けながら，教育にふさわしい形で折り合いをつけ，学校教育に主体的にかかわる契機を多くの人に保障するなかで，ボトムアップの教育熟議が各学校で進むことを期待したい。

深い学びのための課題

1．コミュニティ・スクールのウェブサイトで，学校運営協議会の議事や活動について掲載されているものを複数校探そう。それらの学校運営協議会において，どのような人が委員としてかかわっているか，どのようなテーマで議論がなされているか，どの程度の頻度で会議が開かれているか，議論の結果をどのように反映させているか，一般の保護者や地域住民の声をどのように把握しようとしているかなどについて，共通する傾向を探ってみよう。

2．子ども・保護者・教師が参加する「学校協議会」の実践校について，その取り組みを調べ，子どもを委員とすることを前提としていない学校運営協議会とどのようなちがいがあると考えられるか分析してみよう。

注

1）中央教育審議会（2016）「21 世紀を展望した我が国の教育の在り方について」（第 1 次答申）。

2）2000 年に出された「教育改革国民会議第 2 分科会審議の報告」。

3）これらは，早くは，「今後の地方教育行政の在り方について」と題した中央教育審議会への諮問文（1997）のなかに現れている。

4）中央教育審議会（1998）「今後の地方教育行政の在り方について」。

5）文部科学省（2014）「コミュニティ・スクールの推進等に関する調査研究協力者会議」参考資料，http://www.mext.go.jp/b_menu/shingi/chousa/shotou/103/shiryo/__icsFiles/afieldfile/2014/10/09/1351194_04.pdf（2020 年 8 月 18 日最終閲覧，以下 URL 同じ）。

6）これらについては，金子ら（2000）を参照。

7）中央教育審議会（2004）「今後の学校の管理運営の在り方について（答申）」。

8）文部科学省「コミュニティ・スクール導入・推進状況」各年度版 http://www.mext.go.jp/a_menu/shotou/community/shitei/index.htm。以下，コミュニティ・スクール数に言及するときは同じ資料による。

9）岩永定は，1990 年代初頭に行った教師対象の意識調査分析から，「教師は学校の教育目標，校内人事，学校の予算，教育内容関係など学校運営の鍵的領域への親の参加を敬遠する傾向にある」と指摘している。

10）『朝日新聞』2012 年 9 月 19 日付でのコメント。

11）学校保健安全法第 29 条は，危険等発生時対処要領，いわゆる「危機管理マニュアル」の作成を各学校に義務づけている。これは，登下校時の犯罪や交通事故・不審者対応・学校情報の漏洩などの学校安全全般の危機，学校内での転落事故や熱中症事故などの学校管理下での事故，大震災などの災害に際しての事故などの学校の「危機」について，これらを未然に防ぎ（事前対応），あるいは発生時の被害を最小限に抑え（事後対応），次の危機に備える（再発防止）ために作成されるものとされる。

12）教育再生実行会議（2015）「『学び続ける』社会，全員参加型社会，地方創生を実現する教育の在り方について」（第六次提言）。

13）中央教育審議会（2015）「新しい時代の教育や地方創生の実現に向けた学校と地域の連携・協働の在り方と今後の推進方策について」。

14）その背景や理由については，「第159国会衆議院文部科学委員会議録」第20号（2004年5月19日）18-20頁における石井郁子委員の質問とそれへの政府答弁を参照されたい。

引用・参考文献

荒井英治郎ら（2013）「東日本大震災における学校対応と地域連携」『日本教育政策学会年報』20, 83-92頁

岩永定（2008）「学校ガバナンスと保護者の位置」『日本教育行政学会年報』34，238-241頁

――（2011）「分権改革下におけるコミュニティ・スクールの特徴の変容」『日本教育行政学会年報』37号

岩永定ら（1992）「親の学校教育参加に関する調査研究」『鳴門教育大学研究紀要 教育科学編』7，199-215頁

金子郁容・鈴木寛・渋谷恭子（2000）『コミュニティ・スクール構想―学校を変革するために』岩波書店

佐藤晴雄編著（2010）『コミュニティ・スクールの研究』風間書房

――（2018）『コミュニティ・スクールの全貌』風間書房

仲田康一（2015）『コミュニティ・スクールのポリティクス―学校運営協議会における保護者の位置』勁草書房

平田淳（2008）『「学校協議会」の教育効果に関する研究―「開かれた学校づくり」のエスノグラフィー』東信堂

宮下与兵衛（2004）『学校を変える生徒たち』かもがわ出版

文部科学省（2002）『文部科学白書2011年度』

――（2012）『コミュニティ・スクールの推進に関する教育委員会及び学校における取組の成果検証に係る調査研究』

――（2015）『コミュニティ・スクール指定の促進要因と阻害要因に関する調査研究報告書』

第7章 教育課程行政と教科書制度

1 教育課程行政を規定する制度原理

教育課程行政とは，国や自治体が学校における教育課程の編成や実施などに対して規則や基準を定め，あるいは通知や通達などにより指導・助言を行う作用をさす。これが強大な権限をもって独断的・一方的に行われれば，学校の裁量が失われ，独自性が侵害され，ひいては子どもの受ける教育の多様性が損なわれ，子どもの教育を受ける権利のはく奪につながりうることを，私たちは戦前の経験から学んでいる（蘆田　2014）。

この経験をふまえ，教育課程行政のあり方を規定する制度原理が構想されてきた。第一の制度原理は，教育の自主性を尊重するため，教育活動の内容・方法などを主とする内的事項についての教育行政作用は高度な専門性に裏づけられた指導助言にとどめる―すなわち，教育行政作用の内外事項区分論である（兼子　1978）。教育の内的事項に関する行政作用は強制に及ぶことなく，最終的には学校の教員の裁量に委ねられる。第二の制度原理は，子どもの思想・良心の自由を保障するため，子どもの個人的な生活・学校外での行動や，思想・価値観にかかわる生活指導・徳育などの教育作用については，学校の教員の裁量は制限され，決定権を伴わない指導助言活動にとどまるというものである（市川　1990）。教員免許により専門性を裏づけられた教科指導では教員は教育内容決定権を有すると解されるものの，科学的真理ではない価値的要素や学校外での生活・行動についてはたとえ教科指導の範囲内であっても教員の裁量は規定されうると解すべきだろう。

このように，教育活動の内容・方法にかかわっては，子どもの権利を保障するために，教育課程行政に対して二重の歯止めが準備されてきた。しかし近年，こうした制度原理を突き崩すような新しい教育課程行政のあり方が進んでいる。本章では，この２つの制度原理を視点として，教育課程行政の今日的展開を検討していく。

2 国の教育課程行政

（1）教育目的・目標

教育課程行政は，国－都道府県－市町村という三段構造となっており，各段階の教育行政機関，すなわち文部科学省，都道府県教育委員会，市町村教育委員会が主な主体となって行われている（佐々木　2016）。しかし，国会において制定される法律に依拠して教育課程行政は行われ（教育行政の法律主義），また，近年では地方議会による条例でも教育課程にかかわる事柄が規定されていることも鑑みれば，そのことの良し悪しは別として，教育課程行政は教育行政機関によって独占的に行われているとは言いがたい。

こうした観点で問題となるのが，教育基本法や学校教育法上で教育目的・目標が規定されていることである。教育基本法は1947年の制定当初よりその第１条で教育の目的を規定しており，加えて，2006年の全面改正で第２条に教育の目標条項を，また第５条２項には義務教育の目的条項を新設した。目的とは，長期的視点に立った際にめざすべき究極のあり方であって，目標とは目的をめざすにあたっての短期的視点でめざすべき具体的・明確なあり方である。また，これらの条項を受け，学校教育法ではさらに，義務教育の目標（第21条），小学校の教育目的・目標（第29条，第30条），中学校の教育目的・目標（第45条，第46条）など，学校種ごとに規定が整備された。こうした教育目的・目標条項に規定される内容をめぐっては，2006年の教育基本法の改正時には，とくに愛国心条項の制定をめぐって激しく議論が行われた。結局，「愛国心」という言葉は用いられず，「我が国と郷土を愛する」という文言になった。教育法学においては，かねてより法律上に教育目的が規定され教育実践を拘束しうることについて問題視する声があったが，これらの条文は国民にとっては「訓示規定」であると解釈し，こうした目的・目標条項に沿わない教育活動を行った教師が罰されることはないとの解釈をとってきた（成嶋　2014）。しかしながら，以下で説明する学習指導要領や教科書制度の整備が行われることで，こうした目的・目標条項の実現が強く学校現場に求められる実態がある。

（2）学習指導要領

学校教育法は，先の教育目的・目標に基づき，各学校種の「教育課程に関する事項」を文部科学大臣（以下，文科大臣）が定めるとしている（小学校は第33条，中学校は第48条）。すなわち，ここでは，教育課程そのものを定めるのは各学校であるがゆえに，文科大臣が定めるのは，あくまで「教育課程に関する事項」までであるとの前提が存在し，教育行政作用の内外事項区分論が作用しているものともいえる。これに基づき，実際に文科大臣が定めているのが，各教科，道徳などの教育課程の構成（以下同様に，学校教育法施行規則第50条，第72条）であり，それらの教育課程の授業時数（学校教育法施行規則第51条，第73条）であり，別に文科大臣の公示する「学習指導要領」である（学校教育法施行規則第52条，第74条）。

2017年3月に告示された新しい小学校学習指導要領（2020年施行予定）では，これらの趣旨をふまえ，学習指導要領の性格を，「こうした理念〔すなわち教育基本法に掲げられる教育目的・目標〕の実現に向けて必要となる教育課程の基準を大綱的に定めるもの」（小学校学習指導要領「前文」）と説明し，「各学校においては，教育基本法及び学校教育法その他の法令並びにこの章以下に示すところに従い，児童の人間として調和のとれた育成を目指し，児童の心身の発達の段階や特性及び学校や地域の実態を十分考慮して，適切な教育課程を編成するものとし，これらに掲げる目標を達成するよう教育を行うものとする」とし，教育課程の編成主体が各学校であるとのこれまでの見方を踏襲している（小学校学習指導要領「第1章総則」「第1小学校教育の基本と教育課程の役割」）。以上の内容は学校種が変わっても同様である。すなわち，各学校は教育基本法や学校教育法，そして学習指導要領の示す方向に従いつつ，各学校の児童生徒の発達段階や地域の特性などをふまえながら自ら自主的に教育課程を編成していくことが求められている。そこでは，学習指導要領はあくまで「教育課程の基準」（学校教育法施行規則第52条，第74条）でしかない。

しかしながら実際には，学習指導要領のこの〈抑制的〉な性格づけを超える形で学習指導要領に示される教育内容・方法の実現が学校に対して半ば〈強制的〉に求められていく構造がとられてきた。

（3）教科書検定

こうした〈学習指導要領体制〉ともいうべき構造の重要な一角をなすのが教科書制度である。学校教育法上では「教科用図書」と称される教科書であるが，同法上では定義がない。その代わりに，教科書の発行に関する臨時措置法に，「教科書とは，小学校，中学校，義務教育学校，高等学校，中等教育学校及びこれらに準ずる学校において，教育課程の構成に応じて組織排列された教科の主たる教材として，教授の用に供せられる児童又は生徒用図書であつて，文部科学大臣の検定を経たもの又は文部科学省が著作の名義を有するものをいう」（第2条）と定義が示されている。すなわちここでは，教科書とは「文部科学大臣の検定を経たもの」すなわち文部科学省検定済教科書か，「文部科学省が著作の名義を有するもの」すなわち文部科学省著作教科書の2種類をさすことがわかる。その多くは前者，すなわち検定済教科書である。

民間の発行者（主に教科書会社）が著作あるいは編集を行った図書が，文部科学省（以下，文科省）に対して申請される（教科用図書検定規則第4条）。この申請図書について，教科書調査官による調査を経て教科用図書検定調査審議会が調査審議を行い（学校教育法第34条第5項，学校教育法施行令41条），文科大臣が合格・不合格の決定を下す（教科用図書検定規則第7条）。

検定に際しては，義務教育諸学校教科用図書検定基準が用いられ，この基準に当てはまる申請図書が検定合格となり，次の教科書採択の過程に移ることとなる。不合格となれば，市場での販売は難しいため，申請者である教科書会社は検定合格に向けて検定基準に当てはまるような申請図書を著作・編集し，修正意見についても基本的にそのまま応じていくことになる。そのため問題となるのが，この検定基準の内容である。

そもそも検定基準においては，教科共通の条件の筆頭に，「（1）教育基本法第1条の教育の目的及び同法第2条に掲げる教育の目標に一致していること。また，同法第5条第2項の義務教育の目的及び学校教育法第21条に掲げる義務教育の目標並びに同法に定める各学校の目的及び教育の目標に一致していること」があげられ，それに続き，「（2）学習指導要領の総則や教科の目標に一致していること」があげられており，教育基本法・学校教育法に続いて学習指導要領との一致を申請図書に求めている。さらに細かく，学習指導要領の目標・内容・内容の取扱いを「不足なく取り上げている」のみならず，「不必要なものは取り上げていない」ことも条件として挙げられている。学習指導要領と申請図書との〈完全な一致〉が求められているものといえる。

加えて，2014年には社会科の教科書の検定基準に，以下の3つの項目が加わった（義務教育諸学校教科用図書検定基準［社会科（「地図」を除く。）］1 選択・扱い及び構成・排列（2014年1月17日文部科学省告示））。

（3）	未確定な時事的事象について断定的に記述していたり，特定の事柄を強調し過ぎていたり，一面的な見解を十分な配慮なく取り上げていたりするところはないこと。
（4）	近現代の歴史的事象のうち，通説的な見解がない数字などの事項について記述する場合には，通説的な見解がないことが明示されているとともに，児童又は生徒が誤解するおそれのある表現がないこと。
（5）	閣議決定その他の方法により示された政府の統一的な見解又は最高裁判所の判例が存在する場合には，それらに基づいた記述がされていること。

教育の内的事項にかかわる教育行政の抑制性の観点から問題となるのは，とくに（5）である。もとより，閣議決定された事柄が科学的真理をふまえていることは保障されておらず，また，「政府の統一的な見解…に基づいた記述」を求めることは，教科書が「政府の教育言論」の「マウスピース」となることを意味する（蟻川　2016）。こうした検定基準の改正については，「民間の教科書の執筆・編集の自由」制約に当たるとの指摘（佐々木　2016）や，教育行政の裁量権の逸脱，濫用に当たる可能性もあるとの指摘（坂田　2016）もある。

道徳の教科化に伴い初めて検定が行われた道徳の教科書についても，教科書会社が修正意見に応じ，学習指導要領に沿う形で本文や挿絵など細部にわたり申請図書を修正したということが報じられた（「パン屋『郷土愛不足』で和菓子屋に　道徳の教科書検定」『朝日新聞』2017年3月24日付）。このように，教科書検定を経ることで，学習指導要領と〈完全一致〉した検定済教科書のみが学校現場で教師や子どもの手に渡ることになる。

（4）教科書採択

検定に合格した教科書のなかから実際に各教室で使用する教科書を決定することを，教科書採択という。この教科書採択権は，公立の小中学校についてはその学校を設置した教育委員会にある（地方教育行政の組織及び運営に関する法律（以下，地教行法）第21条）。しかし，採択にあたっては，学校設置者の独断ではなく，都道府県教育委員会が教科用図書選定審議会を設置するなどして，市町村教育委員会の採択事務について「適切な指導，助言又は援助」を行うこととされている（義務教育諸学校の教科用図書の無償措置に関する法律第10条，第11条）。加えて，都道府県教育委員会は，単一の市町村または市町村を合わせた区域に「採択地区」を設定することとなり（後者を広域採択制ともいう），後者の複数の市町村を合わせた共同採択地区の場合は採択地区協議会を設け，この協議会による協議の結果選ばれた教科書を，当該採択地区内の市町村教育委員会は採択しなければならない（義務教育諸学校の教科用図書の無償措置に関する法律第12条，第13条）との制約がある。

このような都道府県教育委員会による指導助言や，広域採択制という教科書採択方法は，「適切な採択を確保するため」にとられている措置である（文科省ウェブサイト「教科書採択の方法」）。そもそも以前の制度においては，単一の市町村に採択地区を設定することは想定されていなかった。ところが，2011年に沖縄県の八重山採択地区で起こった採択地区協議会と同地区内の竹富町教育委員会との間の歴史教科書をめぐるトラブルをきっかけに，先に述べたように，単一市町村で採択地区を設定することも可能とする法改正が行われ，地教行法の規定のとおり，学校設置者の採択権が保障されやすい仕組みとなったのである。

しかしながら，広域採択制をとる採択地区がまだ大半を占めており[1)]，そこでは学校設置者の採択権は採択地区協議会の判断に従属するものとされている。もとより，その教科書を実際に用いる教師が教科書の選定に何らかの影響を及ぼすことのできる職能的自由が確保されることが望ましいことはいうまでもない（ILO/UNESCO「教員の地位に関する勧告」61項）。であるとするならば，現行制度を前提とするとしても，教師の意見がより届きやすいよう，採択地区は教師にとって身近な単位であり，できるだけ小規模な単位に設定すること，また現場教師の声が届きやすい学校票方式が実質化していくことが望まれる。さもなくば，採択地区協議会の協議の下で市町村教育委員会の採択権が形骸化し，地域の実情に即さない教科書採択が行われる蓋然性はなお残されている。

（5）教科書の無償給付

採択された教科書は，設置者を問わず，すべての小中学校・義務教育学校・中等教育学校前期課程等の義務教育諸学校に所属する児童・生徒に対して，学校設置者と校長を通じ，国から無償給付・給与される（義務教育諸学校の教科用図書の無償措置に関する法律第3条，第5条）。これは，「憲法第26条に掲げる義務教育無償の精神をより広く実現するものとして」（文科省ウェブサイト「教科書無償給与制度」），とくに教科書の重要性に鑑みて，授業料の不徴収に続いて実現された公教育の無償性原則（日本国憲法第26条）に沿うものであるといえる。

しかしながら，この教科書無償給付制度が，先にみた教科書の広域採択制と同時に導入されたことには，無償給付と引き換えに教科書採択にかかわる教師の職能的自由と児童・生徒の思想良心の自由が制約されたものとの疑義をもたざるをえない。教科書を義務教育諸学校の児童・生徒に無償給付するための予算（2019年度）は約448億円にも上る（文科省　同上）。この支出により，全国津々浦々の学校の各教室の授業が，検定済教科書を通じて学習指導要領を実現するものへと平準化されていく仕組みができあがっている。

(6) 教科書使用義務

ここまでみてきたような流れで児童・生徒の手元に無償給付され給与される教科書であるが，これの使用義務についても1つの論点が存在する。学校教育法は，「小学校においては，文部科学大臣の検定を経た教科用図書又は文部科学省が著作の名義を有する教科用図書を使用しなければならない」(第34条) と規定しているが，この解釈に2つの異なる見解がある。

教科書の使用そのものを義務とする見解 (使用義務説) と，教科書の使用そのものは任意とする見解 (使用義務否定説) である (藤本 2009)。前者においては，伝習館事件最高裁判決 (1990年1月18日) 判旨などを根拠に，基本的に教師には，児童・生徒に給与された教科書の内容に即して授業を行う義務があるとされ，これに加えて有効適切なその他の教材 (副読本やプリントなど) を用いてもよいとされる (たとえば，坂田 2016)。他方で後者においては，「教員の地位に関する勧告」(ILO・ユネスコ 1966) に規定される教師の教材選択の自由の思想を根拠に，教科書の使用自体は任意であるとされ，使用する場合には，検定済教科書または文部科学省著作教科書を用いる義務があるとの解釈がなされる (たとえば，藤本 2009)。

この論点は言い換えると，いわば〈教科書を教える〉か，〈教科書で教える〉かという見解の対立と考えることもできる。このように捉えると，検定・採択のプロセスを経て吟味された良質の教材として教科書が有益に用いられることは望ましいところではあるが，市町村あるいは採択地区ごとに採択された教科書は，当然にその学校の児童・生徒の発達段階や市町村より単位の小さな学校・地域の実態に即しているものとは限らないため，あくまでその教科書の使用法は各教師に委ねられるべきものと考えられる。

(7) 副教材 (補助教材)

授業において重要なものとして教科書のほかに，資料集やワーク・ドリル・

プリントなどの副教材（補助教材）がある。学校教育法は，「教科用図書…（略）…以外の教材で，有益適切なものは，これを使用することができる」（第34条4項）と規定し，副教材の活用を認めている。ただし，「教育委員会は，学校における教科書以外の教材の使用について，あらかじめ，教育委員会に届け出させ，又は教育委員会の承認を受けさせることとする定を設けるものとする」（地教行法第33条2項）とされており，教科書ほど厳密ではないが，副教材についてもその教師の選定権には教育行政機関による縛りがかけられている。

ただし，教師が実際の授業で用いる副教材は，手づくりのプリントから市販の朝顔セットやソーラーカーなどのセット教材に至るまで膨大であり，それら１つひとつすべてを事前に「届け出」あるいは「承認」する仕組みを設けることは現実的ではない。よって，教育委員会は，たとえば届け出の必要がある副教材を「（１）教科書又は準教科書と併用する副読本，解説書，参考書又はこれらに類するもの　（２）学習の課程又は休業日に使用する学習帳，夏休帳，冬休帳，又はこれらに類するもの」（千葉市立小学校及び中学校管理規則第17条）に限るなどして，その大半を各教師の選択に委ねている。このことは，2015年発出の文部科学省初等中等教育局長通知「学校における補助教材の適正な取扱いについて」（2015年3月4日）でも認められている。すなわち通知は，地教行法第33条2項の規定について，「補助教材の使用を全て事前の届出や承認にかからしめようとするものではなく，教育委員会において関与すべきものと判断したものについて，適切な措置をとるべきことを示したものであり，各学校における有益適切な補助教材の効果的使用を抑制することとならないよう，留意すること」と述べる。以上のことから，副教材の事前の届け出・承認制は「教育委員会において関与すべきもの」と判断されたものについてのみ行われるべきものと解釈できるだろう。

それでは，実際に教育委員会が教師の選定した副教材について承認しないというのはどのような場合だろうか。同通知は，学校において副教材を選定する際に留意すべき事柄として，以下のような点をあげる。

・教育基本法，学校教育法，学習指導要領等の趣旨に従っていること。

・その使用される学年の児童生徒の心身の発達の段階に即していること。
・多様な見方や考え方のできる事柄，未確定な事柄を取り上げる場合には，特定の事柄を強調し過ぎたり，一面的な見解を十分な配慮なく取り上げたりするなど，特定の見方や考え方に偏った取扱いとならないこと。
・補助教材の購入に関して保護者等に経済的負担が生じる場合は，その負担が過重なものとならないよう留意すること。

翻れば，こうした４つの視点からみて著しく配慮の欠ける教材選定がなされているものにかぎり，教育委員会は承認をしないということがありうる。しかし，学習指導要領などの趣旨と相違しているか否かを事細かに精査することは，現実的ではないばかりか，教育委員会の裁量権濫用に当たる可能性もある。先の「各学校における有益適切な補助教材の効果的使用を抑制することとならないよう」との通知の趣旨に照らせば，教育委員会への届け出や教育委員会による承認は，基本的には各学校での教材選択の自由を尊重して抑制的に行われるべきものといえる。

（8）教　材

学習指導要領に記載されている教育内容・方法も，それを実現させる物的環境が整わなければ実現できないため，学校の教室に備え付けられる教材[2)]に関しても国レベルで制度が整備されている。1952 年には，教職員の給与の半額のみならず，教材の購入費用についてもその「一部」を国庫負担としていた（義務教育費国庫負担法第３条）。同法制定と同時に当時の文部省は「教材整備基準」を作成していたが，国庫負担金の支出にかかわってこの教材整備基準は拘束力をもたず，学校では配賦された国庫負担金をつかって自由に教材を購入することが可能であった。しかし，1967 年，文部省は学習指導要領に対応する「教材基準」を通達し，これ以降，国庫負担金は同基準の範囲内でしか用いることができないとされ，教師の教材選択の自由が制限されることとなった。加えて，1985 年にこの国庫負担金は一般財源化され，各自治体における教材等購入用の予算措置は減少の一途をたどっている。

このような財政的保障の不十分さにもかかわらず，学習指導要領を実現するために購入すべき教材の基準は，「教材整備指針」（2011 年策定；2019 年一部改訂）という形で現在も示されている。「教材整備指針」は，前述の「教材整備基準」や「教材基準」のように，学校に備えるべき教材を網羅的全体的に上げるような形式ではなく，「自らの望む教育内容・教育方法を実現するための教材のみをピンポイントで掲げる手法」をとっており，教材の例示のなかに，「伝統的な言語文化に関する指導用」掛図など，「時折文科省の推奨する教材が紛れこんでいる」という指摘がある（福嶋　2012：294・302 頁）。

こうした教材整備のための基準は学習指導要領の改訂に対応して発表されている。この基準を参考に不十分な財政的保障とは裏腹に学校の物的環境が整えられていくことで，学習指導要領に示される教育の実現は外枠より固められていくこととなる。

（9）全国一斉学力・学習状況調査

2003 年，国際的な学力調査（PISA）において高い成績を誇っていた日本の順位が急落し，学力政策のあり方を見直す機運が一気に高まった（鈴木　2015）。これにより，いわゆる「ゆとり教育」路線が見直され，学習指導要領の授業時数が増やされるとともに，1960 年代に批判的な声を浴びながら実施されて以降ずっと行われてこなかった，全国的な学力調査を復活させることとなった。

2007 年から実施されている全国一斉学力・学習状況調査は，「義務教育の機会均等とその水準の維持向上の観点から，全国的な児童生徒の学力や学習状況を把握・分析し，教育施策の成果と課題を検証し，その改善を図る」「そのような取組を通じて，教育に関する継続的な検証改善サイクルを確立する」「学校における児童生徒への教育指導の充実や学習状況の改善等に役立てる」という 3 点を目的としている。1，2 点目では全国的な学力政策あるいは教育課程行政のあり方見直しのための素材としての調査という目的を設定しており，3 点目では個々の学校・個別の児童・生徒への指導改善のための素材としての調査という目的を設定している。学力低下や教育崩壊という公教育に対する懸念の視線を追い風に，日本の教育課程行政のあり方は「全国的な教育の質保証体制」（勝野　2016：96頁）確立に向けて舵を切り，その一環として同調査を用いての「継続的な検証改善サイクル」の確立がめざされたのである。

3点目の目的は個々の児童・生徒への対応という観点でみれば悉皆（しっかい）での調査を要請するが，1，2点目の目的は抽出調査で事足り，必ずしも悉皆調査であることを要請しない（北野　2011）。そのため，2007年からは悉皆で始まった同調査であるが，民主党政権が誕生した際には，予算削減を目的として抽出調査（抽出率約30%）と希望利用方式に変更された（2010年度～）。しかし，再び自民党政権に政権交代が達成されると，悉皆方式に戻された（2014年度～）。今後も悉皆方式による実施が前提とされている（全国的な学力調査に関する専門家会議「全国的な学力調査の今後の改善方策について（まとめ）」2017年3月29日）。

調査の内容は，小学校6年生と中学校3年生を対象とし，基本的には国語と算数・数学（2012年度からは理科，2019年度からは英語も3年に一度程度実施）について学力のほか，同時に生活習慣や学校環境（物的人的教育条件・指導方法など）について問う学習状況を含む。学力調査の問題は，基礎的な理解の習得にかかわるA問題と，その活用能力にかかわるB問題とがあり，後者がPISA型の学力の習得状況を測るものとされている。また，学習状況調査における生活習慣については，朝食の摂食状況，テレビやゲームの時間，通塾の状況など，学校外の生活にかかわる質問が多数なされている。各学校における指導方法をめぐっても，家庭学習に関しての指導が問われている。学力状況と子どもの生活環境との関係性をこうした調査によって明らかにし，政策形成に生かしていく必要性はあるが，悉皆という方式をとり，個別の子どもの学力と学習状況を結びつけて解釈可能な状況になっていることは別の問題状況を生む。すなわち，学校外における児童・生徒の生活についても，学校内と同様に教師の指導の範疇であるとの考え方がより促進され，のちに紹介する地方における家庭教育のスタンダード化の流れにつながっていくものと考えられる。

また，全国一斉学力・学習状況調査の結果について，文科省は当初抑制的な姿勢をとっており，都道府県ごとの結果までしか結果を公表してこなかった。

しかし，調査開始初年度から横浜市が学校別の調査結果を情報公開請求者に開示するなど，より細かい単位での結果公表が自治体レベルで始まり，またそれとともに，調査結果の順位をめぐる自治体間競争，学校間競争が過激化していった。順位が上位であった秋田県や福井県の学力政策や指導方法が注目され，全国から見学者が押し寄せるなどの現象も散見されている。静岡県では，2013年に小学校6年生の国語A問題について調査結果が全国最下位であったことから県知事が平均点数の低い学校の校長名を公表すると述べ，物議をかもした。その後，平均点数の高い学校の校長名を五十音順で公表したが，結果的に翌年の国語Aの平均点数も全国順位も上がった。これらの動きを受け，文科省は同調査の実施要項を改訂し，同意を取り付けるなどの一定の条件の下での市町村別・学校別の調査結果公表容認に踏み切った。

このように，教育基本法に規定されている教育目的・目標を実現するための枠組みが学習指導要領で示され，その学習指導要領に示される教育のあり方を共通に実現していくための体制として，教科書制度，副教材制度，教材制度，学力調査などが整備されているのが，日本の国レベルの教育課程行政の現状である。この下で，自治体レベルの教育課程行政がそれぞれ展開されているが，それは今みたような国レベルの枠組みの下であり，それゆえ自治体独自のあり方というよりは，少なからず共通点をもっている。次節においては，自治体レベルにおける教育課程行政の今日的状況についてみてみよう。

3 自治体の教育課程行政

（1）教育委員会の権限

自治体レベルにおいて教育課程行政を所管するのは，基本的に教育委員会である。そのことは，地教行法のなかに教育委員会の職務権限として，以下の3点が示されていることからもわかる。

> 五　教育委員会の所管に属する学校の組織編制，教育課程，学習指導，生徒指導及び職業指導に関すること。

六　教科書その他の教材の取扱いに関すること。
七　校舎その他の施設及び教具その他の設備の整備に関すること。

（地方教育行政の組織及び運営に関する法律　第21条）

具体的には，教育委員会による教育課程行政は，地方独自の基準や手引き書の策定，指導主事による教職員を対象とした指導・研修のほか，主に学校管理規則などの教育委員会規則の制定などの手法により進められる。すなわち，地教行法では，「教育委員会は，法令又は条例に違反しない限度において，その所管に属する学校その他の教育機関の施設，設備，組織編制，教育課程，教材の取扱その他学校その他の教育機関の管理運営の基本的事項について，必要な教育委員会規則を定めるものとする」（第33条）とされており，法令の範囲内ではあるが，教育委員会による教育課程にかかわる事柄についての規則化が認められている。

たとえば，文科省は学校教育法施行規則にて，各学校で設けるべき教科（小学校の場合，第50条）と各授業時数（同第51条），学年は4月1日から翌年3月31日までであること（同第59条）について規定しているが，授業終始の時刻や災害に伴う臨時休業については校長に（第60条，第63条），また祝日・土日を除く休業日については教育委員会に（同第61条，学校教育法施行令第29条）その決定権を委ねている。これに基づき，教育委員会は長期休業の期間をその地域の気候などの特性に合わせて決定することができる。また，管内の学校に2学期制を導入し，あるいは土曜授業の実施を校長判断で可能とする「振替授業」などの規定を学校管理規則に設けることができる（たとえば，千葉市立小学校及び中学校管理規則第19条，第19条の2，第21条，第21条の2）。

先に述べた，副教材の届け出あるいは承認制についても，同様に学校管理規則のなかに規定される場合が多い。多くの教育委員会は，「校長は，学年又は学級の児童又は生徒全員の教材として次に掲げる図書を継続的に使用させようとするときは，あらかじめ教育委員会に届け出なければならない」（千葉市立小学校及び中学校管理規則第17条）というように，比較的事前の拘束力の弱い届け出制を採用している（篠原　2001）。1998年の中央教育審議会答申「今後の地方教育行政の在り方について」のなかで，学校管理規則の拘束性の強さが問題視されたことから，最近ではより抑制的な規定のあり方になっているものといえる。しかしながら，21世紀に入ってからは，こうした学校管理規則ではないルートでの教育課程行政がむしろ盛んとなっている。以下では，そのいくつかの事例について取り上げたい。

（2）自治体別学力向上施策―A県の「学力向上推進システム活用事業」を中心に

全国一斉学力・学習状況調査実施もあり，さらに加熱した学力向上に向けた自治体間の熱意は，自治体別学力調査（学力テスト）などの施策として具体化された。2018年4月1日時点で，自治体独自での学力調査を行っているところは，32都道府県教育委員会・17指定都市教育委員会に上る（文科省「平成30年度実施の都道府県・指定都市による独自の学力調査について」）。その8割程度が，該当学年全員を対象とする悉皆調査である。

また，全国一斉学力・学習状況調査の結果が低い水準でとどまったことにより，有識者会議や議員連盟が立ち上げられ，結果的に「学力保障条例」が2012年制定された北海道釧路市の例もある。釧路市では，子どもたちが身につけるべき「力」についてや，条例を通じた学力の習得状況の公表に関して，教育委員会と議会との間のみならず，議会においても意見が対立した。しかし，条例案を提出した議員連盟の熱意が全国でも稀にみる条例での学力向上施策を実現させたものといえる（詳しくは，竹森・八木・勝野　2013）。

たとえ全国学力・学習状況調査の結果が全国下位ではなくても，各自治体における学力向上への熱意は高く，学力調査にとどまらない施策に取り組んでいる。たとえば，小学校の国語・算数いずれの調査結果においても全国で中程度の順位であったA県は，2010年度より「学力向上推進システム活用事業」を進めている。同事業の主要な取り組みは，県内のすべての小学校3年生から中学校3年生までが，小学生は国語と算数，中学生は国語・数学と英語の3教科について，毎月１回，教育委員会からウェブ配信される「学力診断」を受け，その結果について教育委員会が分析し，解説とサポート問題を配信するというものである。「学力診断」の問題には，「過去の全国学力・学習状況調査から出題したりすることで，学力実態の客観的な把握に努め」るとされ（A県教育委員会「『学力向上推進システム活用事業』の概要」），全国学力・学習状況調査により測られる学力と同種の学力を伸ばしたいとの意図がみえる。

そのほかに，学年を問わない「補充問題」，思考力・判断力・表現力を重視する「発展問題」も，利用や結果入力は学校判断であるが，教育委員会により準備され，配信される。このほかに，研修の実施や特任指導主事の配置，重点校への専門監の派遣，すぐれた指導事例の広報などにより，ウェブ配信学力診断の有効活用を進める体制が整えられている。

この熱意あるA県教育委員会の取り組みの下で学校では何が起こっているか。月に一度の学力診断を行うのみならず，事前に過去問題に取り組むことにより子どもたちに「成功体験」をさせる方法や，実際の診断結果を受けて行う手厚い指導が好事例とされるため，学力診断の複数回にわたる〈リハーサル〉や合格するまで繰り返される〈追試〉が小学校３年生以降の国語と算数の授業や放課後の居残り，宿題の定番となる。また，ウェブ配信されるのが小学校３年生からであるため，１・２年生については学校の教師自らが月に一度の学力診断を手づくりで行う例もみられる[3)]。さらに，通常の学力診断に加えて，結果入力が任意のはずの「発展問題」（年３回配信）についても，「各校の年間行事計画や各教科の年間行事計画に位置付けてください」（平成28年度A県「学力向上サポートだより」No.５）と県教育委員会が指導を行う例もみられる。学校側は教育委員会の「指導」の名の下の学力向上施策に抗う余地はない。ただ粛々と授業時間を「学力診断」対策に振り向けるのみである。このように，時として学力向上の旗印の下では，教育行政は教育に対する抑制性のラインを踏み越える。

（3）教育のスタンダード化

学力向上の掛け声に押されて盛んになっているものとして，授業や学習規律のスタンダード化があげられる。たとえば，B県では2012年に「授業STANDARD」を，C県は2014年に「授業づくりのスタンダード　自ら学ぶ力を育てよう　『わかる』『できる』『活かす』授業の創造」，D県も同年に「学習指導のスタンダード」を発表している。いずれの授業スタンダードにおいても，キーワードとされているのは児童・生徒の主体性であって，児童・生徒の思考を促す発問や，互いの考えの表現や共有を促す活動，授業内容を振り返りまとめる時間の確保などが重視される。また，経験の多少などに関係なくすべての教師が実行できるようにするため，有効とされる方法にやや形式的に収斂するのもスタンダード施策の特徴である。たとえば，「子どもが考えている間は，教員は発問や指示，助言等を追加して妨げることなく，じっくり時間を確保する」「黒板の周りから不必要な掲示物を取り除き，黒板に注目しやすいようにする」（B県「授業STANDARD」）といった教師側のふるまいから，鉛筆の持ち方，椅子の座り方，授業前の道具の準備，意見の聞き方や話し方の統一（D県「学習指導のスタンダード」）などといった児童・生徒側のふるまい，すなわち学習規律にかかわるスタンダードもある。

またこうした学習規律のスタンダード化の流れは，家庭教育のスタンダード化の流れと親和的である。先にみたD県の「学習指導のスタンダード」は，「家庭学習の手引きなどを作成し，家庭学習の目安の時間等を保護者に提示しているか」「家庭学習強化週間等を設定しているか」「模範ノートの展示，自主学習ノートの紹介をしているか」などのチェック項目を提示し，学校側による家庭学習にかかわる指導を促進しようとする。また，E県教育委員会による「家庭学習のすすめ」（2015年）は，学校教師向けではなく，保護者向けの家庭教育スタンダードの一例である。ここでは，たとえば小学校高学年の保護者に対し，保護者による時間管理の必要性，ほめてやる気を引き出すこと・読書や体験活動の重要性が述べられている。

このような自治体レベルのスタンダードの下で，学校が家庭に対して家庭学習の指針やガイドラインを提示する実践が広がっている。ある小学校では，「○年生スタディガイド」を該当する学年の保護者に配布している。そこでは，「家での目安の学習時間」が冒頭で，（学年＋1）×10分以上という水準で示される。3年生なら40分以上，5年生なら60分以上である。そして，学習を始める前にテレビを消し，ゲームや漫画を片付けるなどの準備があげられる。加えて，宿題を終えたあとの自主学習の例が多数あげられる。「漢字ドリルや計算ドリルの復習」「家の人に買ってもらった問題集をやる」「音読」「読書」「漢字の書き取り」「日記」などである。さらに，家庭学習で大切なこととして，「いつもきまった場所で，学習しましょう」「ほかのことをしながら，学習しない」などと指摘される[4)]。

こうした家庭教育の指針の問題点は，各家庭の条件のちがいをふまえず，また一方的に〈あるべき家庭教育〉像をさし示している点にある。学校徴収金の支払いすらぎりぎりの家庭にとって，家庭で取り組む問題集を買い与えることは簡単ではないし，保護者の職業や生活空間によっては，子どもが毎日同じ時間に同じ場所で宿題をすることはむずかしいかもしれない。また，ドリルや読書・漢字の書き取り以上の発展的な学習は，子ども一人でなすのはむずかしく保護者が一人でも自主学習に付き合うことで実現しやすくなるが，毎日の自主学習に付き合える保護者がどれほどいるであろうか。

しかし，こうした指針の下では，「学力向上」や「児童生徒の主体性」の旗印の下で，保護者は教育委員会や学校に一方的に求められた家庭での自主学習の〈伴奏役〉を務めることが当然に期待されるのである。しかも，単なる自主学習の〈伴奏役〉にとどまらず，全国一斉学力・学習状況調査の分析の結果，朝食摂食率の高い子が学力が高いとなれば「早寝早起き朝ごはん」を求められ，保護者との会話の時間が長い子が学力が高いとなれば食後の団欒を求められる。学力向上という目的と手段としての朝食や会話との間に科学的に相関関係が認められたとしても，「学力向上のために」家庭にその負担を課すことは行きすぎではないだろうか。教師や教育委員会は，学校外の子どもの生活や家族関係に口出しできる正当な根拠をもっているのであろうか。朝食を毎日食べられること，家族との会話があることは，学力向上とは無関係に，子どもの権利として子ども自身が本来的には要求するものである。

4 教育課程行政のあり方と今後

最後に，冒頭で紹介した教育課程行政を規定する２つの制度原理の視点から，今日の教育課程行政の変容について述べておきたい。

第一に，教育の内的事項に対する教育課程行政の抑制性―すなわち高度に専門的な指導助言行政としての教育課程行政のあり方は，教育の目標条項の教育基本法への規定とそれを具体化する学習指導要領，そしてそれを実現する教科書制度，副教材制度，教材整備制度，学力調査などの〈学習指導要領体制〉にあって，構造的・実質的にはかなり強制的なものとなっている。すなわちそれは学習指導要領から外れるような教育活動は成り立ちにくいという状況を生んでいる。

第二に，子どもの個人的な生活・学校外での行動や，思想・価値観に対する教師の裁量の抑制性―すなわち，強制的な決定権を伴わない指導助言活動としての指導のあり方は，「学力向上」の掛け声の下，学校外の学習や生活習慣までも総動員する体制において，学校の掲げる目標に子どもや保護者の学校外の生活を従属させるものとなっている。そのような学校の強制的な動員に耐えられる子ども・家庭ばかりではないが，「学力向上」はあくまで子どもたちのためであるため，そのような子ども・家庭はむしろ懇談会等で叱責や冷遇の対象となりうる。

以上でみてきたように，戦後見いだされ確立されてきた教育課程行政の２つの制度原理は，とくに2000年代前半の学力向上の機運の高まりと，教育基本法改正に伴う教育目標設定以降，急速に後退してきているといえる。そしてむしろ，この共通目標を実現するような教育の質保証をめざして，全国一斉学力・学習状況調査をはじめとする学力向上施策が国レベル・自治体レベルで構築されている。その下で，法定された目標から外れた，あるいは著しくそこから離れたところにいるとみなされた子どもは阻害されてはいないか。そしてまた，子ども一人ひとりと向き合う余裕や姿勢が教師から奪われてはいないだろうか。

教育課程行政も子どもの教育を受ける権利を保障する一方策であるならば，子どもの個性や心身の発達の面での多様性をふまえ，その最大限の発達を支えていくような教育・指導のあり方を促進していくものでなければならないだろう。教育課程行政のあり方は，このような視点から今後も注視されていく必要がある。

深い学びのための課題

1．教科書センターで，検定済教科書を比べてみよう。
2．各自治体における学力向上施策について調べてみよう。

注

1）文部科学省の調べでは，2019年4月現在，1地区は平均約3市町村で構成されている（参考として，文科省ウェブサイト「教科書採択の方法」平成31年4月現在)。
2）ここでは机・椅子や顕微鏡などの設備・教具をさす。
3）もっとも，1年生から似たような取り組みを実施しておかなければ，3年生から急に月に一度の学力診断の実施に慣れるのは容易ではないだろう。小学校低学年からの〈馴化〉に学校現場が流れるのも必然といわねばならない。
4）「読書」や「日記」を「自主学習」と呼び，それを行う場所や時間について指針を出すことには根本的な矛盾があると感じる。自主的に書いた日記を，自主学習の成果として教師が「点検」するのだろうか。

引用・参考文献

蘆田智絵「教育課程の歴史」鈴木由美子編『教育課程論』（教師教育講座第6巻）協同出版，2014年，23-38頁
蟻川恒正「政府の教育言論」『日本教育法学会年報』第45号，2016年，21-34頁
市川須美子「教師の教育権と子どもの人権」成田頼明他編『行政法の諸問題（上)』有斐閣，1990年（再掲：市川『学校教育裁判と教育法』三省堂，2007年，106-129頁)
勝野正章「自治体教育政策が教育実践に及ぼす影響—授業スタンダードを事例として」『日本教育政策学会年報』第23号，2016年，95-103頁
兼子仁『教育法〔新版〕』有斐閣，1978年
北野秋夫『日米のテスト戦略』風間書房，2011年
坂田仰「教育課程行政と教科書，補助教材—教育権論争に寄せて」黒川雅子・武井哲郎・坂田仰編『教育課程論』教育開発研究所，2016年，129-141頁

佐々木幸寿「教育課程行政」山田雅彦編『教育課程論』学文社，2016 年，28-48 頁
篠原清昭「教育委員会と学校との関係改善―学校管理規則改正による新しい学校管理の法化」日本教育法学会編『自治・分権と教育法』（講座現代教育法３）三省堂，2001 年，141-155 頁
鈴木清稔「国際学力調査の教育課程改革への影響」古川治・矢野裕俊・前迫孝憲編『教職をめざす人のための教育課程論』北大路書房，2015 年，195-207 頁
竹森香以・八木真也・勝野正章「釧路市学力保障条例の研究（１）」『東京大学大学院教育学研究科教育行政学論叢』33 号，2013 年，77-96 頁
成嶋隆「教育目的・目標法定の意義と限界」日本教育法学会編『教育法の現代的争点』法律文化社，2014 年，８-13 頁
福嶋尚子「教材整備に関する基準の展開と問題点」世取山洋介・福祉国家構想研究会編『公教育の無償性を実現する』大月書店，2012 年，276-302 頁
藤本典裕「教育課程の法と行政」山﨑準二編『教育課程』学文社，2009 年，39-53 頁

第8章
インクルーシブ教育にかかわる法制度と課題

障害のある子ども，厳しい家庭環境をかかえた子ども，外国につながる子どもは，その身体的・経済的・文化的な差異により学校教育から排除されるリスクが高い。実際に，不登校の状態にある子どもたちの背後に障害や貧困などの問題が隠れているケースも少なくないことが，これまで指摘されてきた（佐川 2010；酒井・川畑 2011）。では，身体的・経済的・文化的な差異を有する子どもたちがなぜ排除されなければならないのか。その理由の1つにあげられてきたのが，学年や学級という共同体の一員として子どもたちを「平等＝同じ」に扱おうとする日本の学校文化である（恒吉 1995；1996）。同年齢であれば多少の個人差はあるとしても基本的に同質であるという前提のもと，あらゆる子どもが「平等＝同じ」に扱われるため，たとえば外国から移住してきたばかりの子どもは不利な立場におかれやすくなる（志水 2002）。

しかし考えてみれば，同年齢であれば多少の個人差はあるとしても基本的に同質であるという前提そのものが，身体的・経済的・文化的な差異を有する子どもたちの存在を無視している。ここで注目したいのが，なぜ日本の学校がこうした前提を共有することが可能だったのかという問題である。すなわち，身体的・経済的・文化的な差異を有する子にも「教育を受ける権利」は当然に保障すべきであるにもかかわらず，通常の学校においてその存在が不可視化されてきたのはどうしてなのか。この謎を解く鍵は，障害のある子どもに対する教育をめぐる歴史のなかにあり，「インクルーシブ教育」の必要性が叫ばれる現在においてもなお大きな論点となっている。

そこで本章において，1 では障害のある子どもに対する教育をめぐってこれまで何が問題となってきたのかを振り返ったうえで，2 ではそれが「インクルーシブ教育」のあり方をめぐる立場のちがいにつながっていることを，特別支援教育の動向にも目を向けながら分析する。さらに，3では「インクルーシブ教育」のあり方をめぐる立場のちがいというのは，不登校の状態にある子どもをどのように処遇すべきかという課題に接続する論点であることを確認する。そして最後に，4で学校教育から排除されるリスクの高い子どもたちの包摂に寄与する教育システムを構想するうえで重要なことは何か，若干ではあるが検討に付したい。

1 発達保障か共生共育か

かつて「特殊教育」と呼ばれていた障害のある子どもに対する教育の歴史は，常に排除の問題を伴う。第二次世界大戦後の1947年に制定された学校教育法は，第74条において盲学校・聾学校・養護学校の設置義務を都道府県に課したものの，附則第93条で「盲学校，聾学校及び養護学校における就学義務並びに第七十四条に規定するこれらの学校の設置義務に関する部分の施行期日は，政令で，これを定める」とし，その本格的な実施を先送りした。盲学校と聾学校については翌年度から段階的に設置義務が課されることになったものの，養護学校の整備はなかなか進むことがないまま，知的な障害のある子や肢体不自由の子らの「教育を受ける権利」は長きにわたり奪われる結果となった。

養護学校の義務制は，学校教育法の制定から30年以上が経った1979年にようやく実現のときを迎えた。しかし，義務制実施に前後して，障害児者に関係する組織や団体を二分する激しい論争が巻き起こる。具体的にいえば，1つは障害のある子どもの発達を公的責任のもとで保障するべく養護学校の義務化に賛成する立場，もう1つは養護学校の設置は障害児者の分離・排除につながるとして義務制の実施に反対する立場である。前者は「発達保障論」と呼ばれるもので，それまで障害を理由に就学の猶予あるいは免除を余儀なくされていた子らの「教育を受ける権利」が例外なく保障されることを求めた。他方，後者は「共生共育論」と呼ばれるもので，障害のある子と障害のない子が居住地校においてともに学ぶことを第一義的な課題とし，養護学校の設置により両者が別の場に就学させられることを認めようとはしなかった。

養護学校の義務制をめぐる論争には，近年になって改めて注目が寄せられている（雪丸　2011；川北　2014；堀　2014；武井　2016）。そのなかでほぼ共通して指摘されるのは，能力の伸長に対するスタンスのちがいが発達保障論と共生共育論の主張を分け隔てていたという点である。発達保障論においては，障害のある子どもの「教育を受ける権利」が守られていない状況の変革と同時に，「障害児教育はなによりも障害者一人ひとりの全面発達をめざして行なわれるものであって，それ以外のどんな目的にも従属するものではない」として，「全面発達」の保障を強く求めていた（田中　1977：310 頁）。すなわちそれは，障害を早期に発見し適切な教育や訓練を行うことにより，子どもが潜在的に有する能力を伸ばすことに重きをおくものであったといえる。他方，共生共育論が警戒を示したのは，能力の多寡によって障害児者が選別される危険性に対してである。共生共育論は養護学校への就学のみならず障害の軽減や克服を目的とする介入それ自体に強く反発していたが，それは「伸びる」「発達する」ことのできない障害児者が国家や社会によって価値なき存在として扱われることにつながるのではないかという懸念ゆえであった（川北　2014：184 頁）。障害のある子と障害のない子が別の場に就学するということは，能力の多寡による選別を許す結果につながると考えられていたのだろう。

養護学校への就学を「教育を受ける権利」の保障と捉えるべきなのか，それとも能力の多寡による選別の契機と捉えるべきなのか，特殊教育のあり方をめぐる 2 つの論は 1980 年代以降も立場を分かつこととなる。しかし，養護学校の義務制が実施に移されたことのインパクトはやはり大きく，障害のある子と障害のない子が居住地校においてともに学ぶことを求める共生共育の実践は，一部の地域を除いて後景に退くこととなった。実際に，盲・聾・養護学校に在籍する児童・生徒の数は大きく減ることのないまま推移しており（図 8.1），障害のある子と障害のない子は「統合」ではなく「分離」することが主流になったといえる。それは，通常の学級に在籍するのが原則として障害のない子であることを意味し，同年齢の子どもたちであれば多少の個人差はあるとしても基本的に同質であるという前提の共有を可能にした。教育学の議論をみても，障

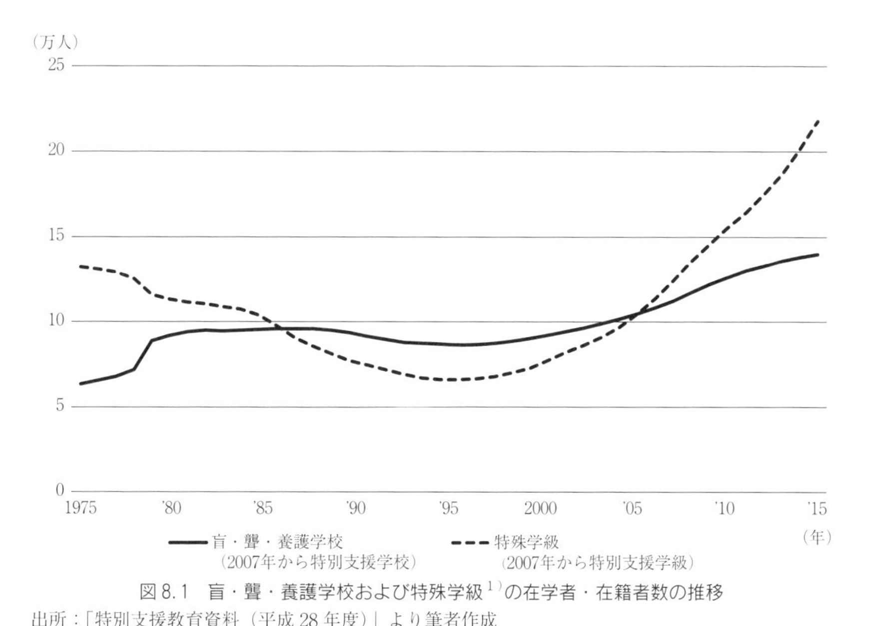

図 8.1　盲・聾・養護学校および特殊学級[1)]の在学者・在籍者数の推移
出所：「特別支援教育資料（平成 28 年度）」より筆者作成

害のある子と障害のない子が同じ場でともに学ぶ実践を分析の俎上に載せるものはこれまであまりみられず，個々人に内在する障害の軽減や克服を目的とした研究が多い状況にある（志水他　2014）。

ただし，障害のある子どもの分離を前提とする学級システムは，養護学校の義務制が実施に移されるなかでつくられていったものであることを付言しておかねばならない。雪丸（2016）が指摘するように，文部省に設置された特殊教育総合研究調査協力者会議が 1969 年に出した報告では，障害の種類や程度に応じた多様な教育の場を整備することとともに，障害のある子が障害のない子とともに教育を受けられるよう普通学校における指導体制を充実させていくことが，課題として提起されていた。しかし，その後の答申や報告では，障害の種類や程度に応じた「質の高い教育」に対して注目が集まる一方，「通常の教育が変わり，生活を共にするとの問題意識は矮小化され，交流や共同学習の推進に落とし込まれた」（29 頁）という。障害のある子と障害のない子が同じ場でともに学ぶことをめざすという考え方は，いわゆる「共生共育論」の立場だけから出されていたわけではないことを，ここで確認しておきたい。

2 特別支援教育とインクルーシブ教育

（1）特殊教育から特別支援教育への転換

以上のように，障害の種別や程度に応じた特別の場での指導を拡充することが，養護学校の義務制実施以後，日本の特殊教育行政において優先すべき課題として扱われてきた。しかし2000年代に入ってから，盲・聾・養護学校および特殊学級の数を増やすだけでは対処できない問題が，大きく次の2つの位相から指摘されるようになる。1つは，障害の重度・重複化への対応である。盲・聾・養護学校に通う児童・生徒の半数近くが重複障害学級に在籍する状況をふまえ，障害の種別に捉われない柔軟な制度設計が求められた。もう1つは，LD（学習障害），ADHD（注意欠陥／多動性障害），高機能自閉症をかかえながら通常の学級に在籍する児童・生徒への対応である。当時，LD，ADHD，高機能自閉症などのいわゆる「発達障害」は特殊教育の対象となっていなかったため，その学習面・生活面への支援が必要とされた。

これらの問題を解決するため，2007年に本格実施となったのが「特別支援教育」である。「特殊教育」が障害の種類や程度に応じた特別の場で指導を行うものであるのに対し，「特別支援教育」においては子どもたち一人ひとりの教育的ニーズに応じて弾力的に教育の場を用意することが，その理念として強調された。そのうえで，①盲・聾・養護（知的障害・肢体不自由・病弱）に分かれていた学校制度を「特別支援学校」に一本化する，②障害に由来する多様な特性に対応するべく，特別支援学校のみならず小・中学校においても「個別の指導計画」を作成・活用する，③校内委員会・校内研修の企画運営，関係諸機関・学校との連絡調整，保護者からの相談窓口などの役割を担う教員として各学校で「特別支援教育コーディネーター」を指名するといった体制整備が進められた。このうち，たとえば「個別の指導計画」については一般の小・中学校においても8割以上で作成されるまでになるなど[2)]，特別支援教育に対する理解が広がってきたことをうかがわせる。

では，特殊教育から特別支援教育への転換が図られるなかで，障害のある子と障害のない子が同じ場でともに学ぶという考え方はどのように取り扱われたのか。ここで重要なのが，特別支援教育のあり方が検討される過程で登場した「特別支援教室」の構想である。文部科学省（以下，文科省）に設置された「特別支援教育の在り方に関する調査研究協力者会議」が2003年にまとめた最終報告「今後の特別支援教育の在り方について」のなかでは，特殊学級が果たしてきた役割について「特定の児童生徒に対する専門的な指導が可能であるという点を評価する意見がある」としながらも，その一方で「障害のない児童生徒との交流の重要性に鑑み多くの時間を交流学習にあて通常の学級に在籍する児童生徒と共に学習する機会を設けている実態を踏まえれば，必ずしも，固定式の教育の場を設ける必要はないのではないか」という指摘がなされている。そのうえで，「小・中学校に在籍しながら通常学級とは別に，制度として全授業時間固定式の学級を維持するのではなく，通常の学級に在籍した上で障害に応じた教科指導や障害に起因する困難の改善・克服のための指導を必要な時間のみ特別の場で教育や指導を行う形態（例えば「特別支援教室（仮称）」）とすることについて具体的な検討が必要」（傍点は筆者）であることを提起した。

「今後の特別支援教育の在り方について」では，盲・聾・養護学校から特別支援学校への転換についても併せて提起していることから，障害の有無にかかわらずすべての子どもが同じ場でともに学ぶことを求めるものとはいえない。「特別支援教室」の構想においても，障害の種別や程度に合わせた特別な場での指導は必要であるという認識が示されており，障害の軽減や克服を目的とした介入そのものを否定してはいない。ただ，「固定式の学級」についてその廃止を含めて検討する必要があるとしている点は，特殊教育をめぐる従来の政策と方向性を異にする。もし「固定式の学級」が廃止されることになれば，それまで「固定式の学級」を利用していた子たちを受け入れられるよう，通常の学級における指導体制を大きく変えていかねばならない。「特別支援教室」の構想は，障害のある子どもの分離を前提とする日本の学級システムに転換を迫る可能性を有していたといえるだろう。

ところが，現在もなお全国のほとんどの地域で「固定式の学級」は維持されている。それは「今後の特別支援教育の在り方について」で示された「特別支援教室」の構想がそのまま引き継がれることはなかったからに他ならない。中央教育審議会（以下，中教審）のもとに設置された「特別支援教育特別委員会」が2005年にまとめた「特別支援教育を推進するための制度の在り方について（答申）」は，「現行の特殊学級等を直ちに廃止することに関して，障害の種類によっては固定式の学級の方が教育上の効果が高いとの意見があることや，重度の障害のある児童生徒が在籍している場合もあること，さらには特殊学級に在籍する児童生徒の保護者の中には固定式の学級が有する機能の維持を望む意見があることなどに配慮」する必要があるとして，「固定式の学級」を廃止することに慎重な姿勢をみせた。そして「特別支援教室」の構想がめざすのは「障害のある児童生徒が，原則として通常の学級に在籍しながら，特別の場で適切な指導及び必要な支援を受けることができるような弾力的なシステムを構築すること」であるとし，「交流及び共同学習の促進」や「通級による指導の見直し」がその具体的な方策として掲げられた。

2006年の学校教育法施行規則の改正で「通級による指導」の対象にLDやADHDが加えられるなど，障害のある子どもが「原則として通常の学級に在籍」するためのシステムというのも確かに整えられつつある。しかし他方で，「固定式の学級」である特別支援学級に在籍する児童・生徒の数は，2000年の7万2921人から2016年の21万7839人へとおよそ3倍にまで急増した（図8.1）。発達障害の子どもたちが新たに特別支援教育の対象に加えられたことを考えても，2005年の答申に掲げられた「障害のある児童生徒が，原則として通常の学級に在籍」（傍点は筆者）するという方針と異なる状況にあることは確かだろう。特殊教育から特別支援教育への転換は，障害のある子どもの分離を前提とした日本の学級システムを変えることにはつながらなかったといえる。

（2）インクルーシブ教育をめぐる議論

ただ，障害のある子と障害のない子の分離を認めることの適切性については，現在もなお議論が分かれるところであるという点に留意しなければならない。実際に，2006 年 12 月に国連総会で採択された「障害者の権利に関する条約」の批准に向けた国内法の見直し作業においては，インクルーシブな教育制度のあり方が論点の 1 つとなった。

見直し作業の中核を担うことになったのが，内閣に設置された「障がい者制度改革推進本部」である。同本部が 2010 年 6 月に出した第一次意見と 12 月に出した第二次意見をみると，「障害者の権利に関する条約」が求めているのは「障害のある子どもとない子どもが共に教育を受けるインクルーシブ教育制度の構築」であり，特別支援教育のなかで「分離別学の仕組み」が維持される状況を改善しなければならないという認識が示される。そのうえで，「障害のある子どもとない子どもが，同じ場で共に学ぶことができることを原則とするとともに，本人・保護者が望む場合に加えて，最も適切な言語やコミュニケーションを習得するために特別支援学校・学級を選択できるようにすること」が必要であるとして，就学先決定の仕組みを改めるよう求めた。特別支援学校や特別支援学級の存在そのものを真っ向から否定するわけではないものの，障害のある子と障害のない子の分離を原則として認めないという点において，かつての共生共育論に近い意見が出されたと考えることができる。

他方で文科省は，「障害者の権利に関する条約」の理念を学校教育に反映させるべく，中教審初等中等教育分科会の下に「特別支援教育の在り方に関する特別委員会」を設置した。同委員会が 2012 年にとりまとめた「共生社会の形成に向けたインクルーシブ教育システム構築のための特別支援教育の推進（報告）」をみると，「インクルーシブ教育システムにおいては，同じ場で共に学ぶことを追求するとともに，個別の教育的ニーズのある幼児児童生徒に対して，自立と社会参加を見据えて，その時点で教育的ニーズに最も的確に応える指導を提供できる，多様で柔軟な仕組みを整備することが重要である」として，「小・中学校における通常の学級，通級による指導，特別支援学級，特別支援学校といった，連続性のある『多様な学びの場』を用意」することが必要だと記されている。それは「分離別学」を促すとして特別支援教育の枠組みを転換させるよう求めた「障がい者制度改革推進本部」の意見と食いちがうものであり，同じ場でともに学ぶことだけを「インクルーシブ教育」と捉えることには慎重な姿勢を崩していない。実際にこの報告では，「個々の子どもの障害の状態や教育的ニーズ，学校や地域の実情等を十分に考慮することなく，すべての子どもに対して同じ場での教育を行おうとすることは，同じ場で学ぶという意味では平等であるが，実際に学習活動に参加できていなければ，子どもには，健全な発達や適切な教育のための機会を平等に与えることにはならず，そのことが，将来，その子どもが社会参加することを難しくする可能性がある」とまで述べられている。

インクルーシブな教育制度のあり方をめぐるこれら2つの立場のちがいを埋め合わせるのが容易でないことは，これまでの歴史が証明している。しかし同時に，「障がい者制度改革推進本部」と「特別支援教育の在り方に関する特別委員会」の間で，改革の方向性が一致した点もあることを確認しておく必要があるだろう。それは，就学先決定の手続きに当事者の意向をできるだけ反映させようとするものである。

（3）就学先の決定をめぐる制度改革とその影響

かつて学校教育法および同法施行令は，障害のある子どものうち一定の基準に該当する者について盲・聾・養護学校に就学することを求めていた。この基準は「就学基準」と呼ばれ，たとえば「知的障害者」であれば「知的発達の遅滞の程度が中度以上のもの」や「知的発達の遅滞の程度が軽度のもののうち，社会的適応性が特に乏しいもの」については，市町村立の小・中学校ではなく養護学校に就学することが原則であった。しかし2002年に同法施行令が改正され，①医学や科学技術の進歩をふまえた就学基準の見直し，②認定就学制度の導入，③就学先決定に際しての専門家の意見聴取の義務づけが行われる。このうち「認定就学」とは，就学基準に該当するため本来であれば盲・聾・養護学校に就学するはずの児童・生徒のうち通常の学校において適切な教育を受けることが可能だと市町村教育委員会が判断した者について小・中学校への就学

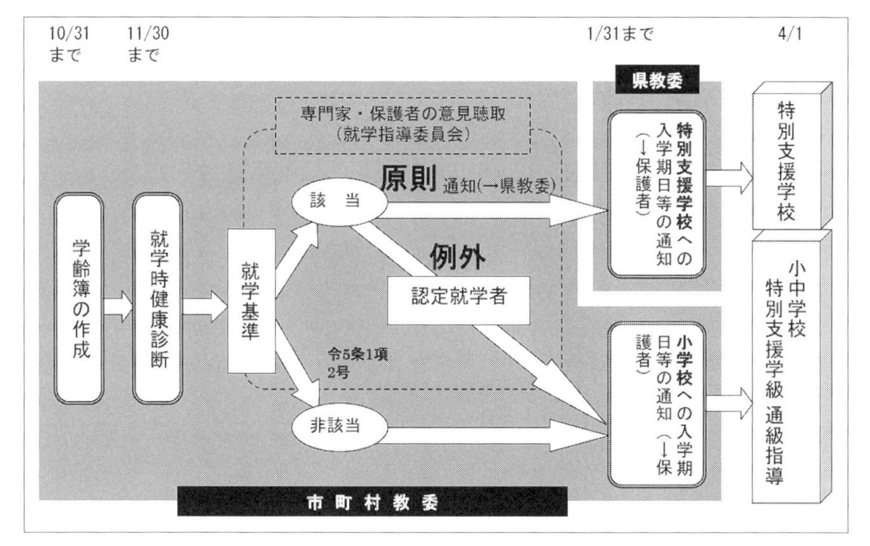

図8.2 2013年までの就学先決定の手続き

出所：「共生社会の形成に向けたインクルーシブ教育システム構築のための特別支援教育の推進（報告）」の参考資料16）

を認める制度であり，障害のある子どもおよびその保護者の選択肢を広げるものであった。さらに2007年には，就学先の決定に際して保護者の意見聴取が義務づけられるなど，就学基準の厳格な適用をめざすのではない体制が築かれつつあった（図8.2）。

こうしたなかで「障がい者制度改革推進本部」が求めたのは，当事者の意向がよりダイレクトに反映される就学先決定の手続きである。同本部はその第一次意見において「就学先や就学形態の決定に当たっては，制度上，保護者への意見聴取の義務はあるものの，本人・保護者の同意を必ずしも前提とせず教育委員会が行う仕組みであり，本人・保護者にとってそれらの決定に当たって自らの希望や選択を法的に保障する仕組みが確保されていない」ことを問題視した。そのうえで「特別支援学校に就学先を決定する場合及び特別支援学級への在籍を決定する場合や，就学先における必要な合理的配慮及び支援の内容を決定するに当たっては，本人・保護者，学校，学校設置者の三者の合意を義務付

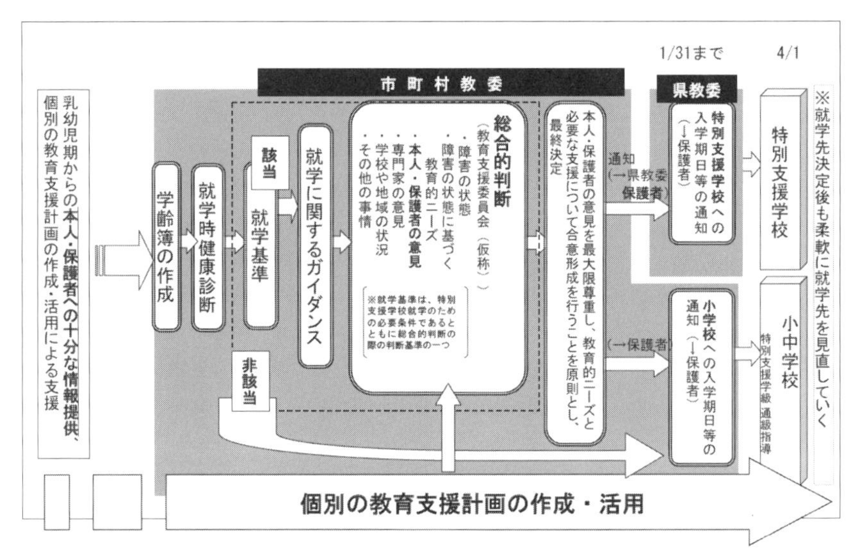

図 8.3　就学先決定の手続きに関する改善案

出所：図 8.2 と同じ

ける仕組みとする」ことを提起した。保護者に意見を聴取しただけで終わらせるのではなく，本人・保護者の意に反した決定が行われることを防ごうとする考えがうかがえる。

「特別支援教育の在り方に関する特別委員会」においても，本人・保護者との合意形成を図ることの重要性が同じく強調される。同委員会がとりまとめた報告のなかでは，「就学基準に該当する障害のある子どもは特別支援学校に原則就学するという従来の就学先決定の仕組みを改め，障害の状態，本人の教育的ニーズ，本人・保護者の意見，教育学，医学，心理学等専門的見地からの意見，学校や地域の状況等を踏まえた総合的な観点から就学先を決定する仕組みとすることが適当である」とされ，図 8.3 のように改めることを求めた。そして，この報告の内容をふまえて 2013 年に改正された学校教育法施行令では，障害の状態，教育上必要な支援の内容，地域における教育の体制の整備の状況その他の事情を勘案しながら就学や転学の手続きを進めることが明示され（第 5 条，第 6 条の 3），本人・保護者との合意を前提に最終的な決定を市町村教育委員会が行うこととした。

しかし，就学や転学の手続きに当事者の意向を反映させる仕組みがつくられたからといって，障害のある子をもつ保護者が通常の学級で学ぶことを望むとは限らない。むしろ実態としては，図 8.1 にも表れるように，障害のない子との分離に同意する保護者が増える状況にあると推察される。この要因を考えるうえで重要なのが，通常の学級が障害のある子たちを包摂しうる場となっているのかという問題であろう。特別支援教育とは本来，子どもたち一人ひとりの教育的ニーズに応じて弾力的に教育の場を用意することをその理念とするものである。2005 年にまとめられた「特別支援教育を推進するための制度の在り方について（答申）」でも「これまで，小・中学校における障害のある児童生徒の教育は，主として特殊学級等において行われてきたが，今後は…（略）…学校全体の課題として取り組んでいくこと」を求めており，障害のある子たちが安心して学習に臨める環境を築かねばならないのは通常の学級においても例外ではない。実際に，食事や排泄，車椅子での教室移動など日常生活上の介助を担ったり発達障害の児童・生徒に対する学習支援を担ったりする「特別支援教育支援員」の配置を促すべく 2007 年から国による地方財政措置が講じられるなど，通常の学級における指導体制を手厚くするためのシステムも少しずつではあるが整えられてきた。

ただ，特別支援学校や特別支援学級への就学ないし転学に同意するケースが増加傾向にあるというデータは，通常の学級が必ずしも保護者にとって障害のある子を安心して預けられる環境となっていない可能性を示唆する。筆者はかつて自閉症の子どもをもつ「親の会」で就学先決定という場面に焦点を当てたインタビュー調査を行ったことがあるが，そこでみられたのは，通常の学級が子どもの最善の利益に適う環境なのかという迷いをかかえる保護者の姿であった（武井　2014）。通常の学級に在籍するかぎり，席替えのタイミングで周囲の子どもたちとの関係にトラブルが生じるリスクは常につきまとう。学年ごとに担任が替わることになれば，障害に対する理解の度合いに少なからず変化もあるだろう。子どもがいつ・どのような状況でいかなる困難をかかえることになるかが不確かである以上，通常の学級に在籍することを選びつづけるというのは必ずしも容易な決断ではない。就学や転学の手続きに当事者の意向を反映させる仕組みがつくられたことで，保護者には子どもの利害を代弁することが求められる結果となり，現状においては皮肉にもそれが障害の有無による分離の促進につながっているといえるだろう。

3 分けるか，分けないか

ここまでみてきたように，障害の有無による分離を認める立場からは個別の教育的ニーズを充足するために多様な学びの場を確保することの重要性が指摘されるのに対し，同じ場でともに学ぶことを原則に据える立場からは通常の学級そのものを多様性に開かれた場とすることが求められている。「インクルーシブ」であることをめぐる両者の主張は平行線をたどったままといえるが，ニーズに応じた分離を許すべきかという論点は，もはや特別支援教育の領域だけにとどまる問題ではない。不登校の状態にある子どもへの対応をめぐる近年の議論に目を向けると，一条校という枠を超えて多様な学びの場を確保することの是非が問われてきた。

（1）不登校の子どもと多様な学びの場

日本で不登校の問題に注目が集まったのは1980年代に入ってからである。ただ当時は，不登校の子どもやその保護者に対して厳しいまなざしが向けられており，就学義務に違反した状態にあることを問題視するような議論というのもみられた。そのなかで，学校的な価値や規範にとらわれることなく不登校の子どもが安心して過ごせる「居場所」を開設したのが，フリースクールやフリースペースと呼ばれる民間の相談施設である（以下では，原則としてフリースクールという名称を用いる）。多くのフリースクールにおいては，行政や学校との対立をもいとわずに，子どもの自己決定権や意見表明権を尊重する実践が行われてきた。そして1992年に文部省が出した「登校拒否問題への対応について」という通知のなかでは，「学校への復帰を前提とし，かつ，登校拒否児童生徒の自立を助けるうえで有効・適切であると判断される場合」は，学校外の民間施設に通うことをもって指導要録上の出席扱いとすることが可能となるまでに至った。

他方，「いじめや学業の不振，教職員に対する不信感など学校生活上の問題が起因して登校拒否になってしまう場合がしばしばみられる」ことをふまえた取り組みが上記通知のなかで求められて以降，教育委員会が進めてきたのは教育支援センター（適応指導教室）の設置である。教育支援センターは，不登校の子どもを学校外で受け入れるための公的な機関であり，1991 年には全国で 133 しかなかったものが 2015 年には 1347 を数えるまでになった[3)]。ただ，不登校児童・生徒のうち教育支援センターを利用しているのは全体のおよそ 12%にすぎず，都市部を中心として現在もなお民間のフリースクールが一定の役割を担っていることは確かだろう。実際に，文部科学省（以下，文科省）が 2015 年 3 月に実施した「小・中学校に通っていない義務教育段階の子供が通う民間の団体・施設に関する調査」では，回答のあった 319 の団体・施設に 4196 人が在籍しているという結果が出た。一団体・施設あたりの子どもの数は約 13.2 人で，教育支援センターの約 12.0 人（2015 年）を上回っている。

こうした状況が続くなか，2016 年 12 月に国会で成立したのが「義務教育の段階における普通教育に相当する教育の機会の確保等に関する法律」（以下，教育機会確保法）である。同法は，不登校等の理由で普通教育に相当する教育を十分に受けていない者に対し，その能力に応じた教育を受ける機会が確保されるよう求めるもので，その施策の実施にあたって「民間の団体」とも「密接な連携」を図ることが基本理念に掲げられている（第 4 条）。いわゆる「夜間中学」の設置を地方公共団体に求めたという点においても注目すべき法律と言えるが（第 14 条），ここで検討したいのは，教育機会確保法の成立に至るまでの過程で交わされた論争が提起する問題についてである。

（2）多様な学びの場を認めるべきか

教育機会確保法成立までの歴史を遡ると，「NPO 法人フリースクール全国ネットワーク」が中心となって2009年頃から進めていた「オルタナティブ教育法」の制定を求める運動にたどりつく[4]。それは，学校教育のオルタナティブたりうる多様な学びのあり方を法に位置づけることをめざすものであり，国会議員への要請行動なども実施されていた。その後，2014年7月に教育再生実行会議がフリースクールなど学校外の教育機会の位置づけについて就学義務や公費負担のあり方を含め検討するとした第五次提言を出すと，法制化に向けた機運が一気に高まることとなる。2015年1月には文科省に「フリースクール等に関する検討会議」が設置される一方，同年5～9月にかけて超党派の議員連盟による「義務教育の段階に相当する普通教育の多様な機会の確保に関する法律案」がまとめられた。同法案には保護者による「個別学習計画」の作成と市町村教育委員会によるその認定をもって就学義務の履行とみなすことが記されており，それが学校外でのオルタナティブな学びを容認する仕組みとして位置づけられたことから，「NPO法人フリースクール全国ネットワーク」としても成立を後押ししていた。

ところが，不登校の子どもをもつ「親の会」やフリースクールの関係者からは，同法案に対する懸念の声も相次いで上がった。また，教育学の研究者を見ても，法制化の動きをどう評価するかは大きく二分された。公教育の民営化が進むことに対する危惧や，学校に行かない子どもやその保護者への管理・統制が強まることに対する懸念など，法制化に慎重な立場から示された問題は多岐に渡るのだが[5]，ここで注目したいのは，多様な学びの場を容認することが公教育の複線化を招きかねないという批判である。たとえば桜井（2016）は，この法案が「不登校の子どもの別学体制を正当化する」（16頁）ものであり，「現在の学校に合わない不登校の子どもを居場所として支えてきたフリースクールを『多様な学習活動』の場と認めるとしながら，排除した側の学校それ自体を多種多様な子どもが暮らす場として改善する方向性はない」（21頁）と指弾する。これは，多様な学びの場を準備するという名目で不登校の子どもを「分ける」システムがつくられること，その結果として学校教育から意図的に分離される子どもが生じかねないことを危惧するものであり，同種の批判はこれまで共生共育を求めてきた側から出されている[6)]。

超党派の議員連盟が2015年9月にまとめた法案は最終的に教育機会確保法として成立するまでの過程で大きな修正が施されることとなり，たとえば「個別学習計画」にかかわる規定についてはすべて削除されている。よって，民間のフリースクールを含むオルタナティブな学びの容認という当初のアイデアがそのまま実現したとは言いがたい。しかし，教育機会確保法のなかでも「不登校児童生徒に対しその実態に配慮して特別に編成された教育課程に基づく教育を行う学校」（第10条）や「不登校児童生徒の学習活動に対する支援を行う公立の教育施設」（第11条）の整備が謳われるなど，居住地校とは異なる学びの場を積極的に認めていく方針は残された。官邸主導で進められる近年の教育政策の動向をふまえれば，「不登校状態にある子どもを能力によって分離するという発想」（谷口　2016：15-16頁）が埋め込まれているという指摘はもっともであり，教育機会確保法を足がかりとして今後ますます公教育の複線化が進行することも想定されうる。

他方，教育機会確保法の成立を後押ししてきた立場からすると，不登校の子どもを安易に「分ける」のではなく，学校そのものを改革することにより不登校の解消を図るべきとする慎重派の主張を，現実味のある提案として受け入れることはむずかしい。そもそも「オルタナティブ教育法」の制定を求める運動においては，保護者が自らの子どもを一条校にしか通わせることのできない「就学義務法制」からの脱却こそめざすべき到達点であった。そのため，多様な学びの場を認めることなく学校改革にこだわりつづけることは，かえって不登校の子どもに「学校復帰」を強いる政策へと転化する危険性があると考えられている（喜多　2016）。個別の教育的ニーズを充足するために子どもたちを「分ける」ことを許容すべきか，それとも，子どもたちを「分けない」で済むよう学校そのものを多様性に開かれた場とすることを優先すべきか，双方の見解は真っ向からくいちがっているといえるだろう。

4 「アドボカシー」の重要性

「インクルーシブ」であるとはどういうことなのか。かつて発達保障論と共生共育論が提起した問題は，現在においてもなお大きな論点として位置づくことが，本章を通して確認された。ただ，正直なところ今の筆者はこの長く続く論争に理論的な決着をつけられるだけの力量を備えていない。そこで最後に，学校教育から排除されるリスクの高い子どもを包摂するためには，「分ける」にせよ「分けない」にせよ，共通して考えていかねばならない課題があることを指摘し，本章のまとめに代えたい。

まず，子どもたちがかかえる個別の教育的ニーズへの対応を図るべく多様な学びの場を用意するという動きが，本章で取り上げた事例にとどまらず今後ますます広がる可能性を考慮に入れねばならない。その一例として最後に注目したいのが，高校進学を控える中学生を対象とした学習支援の場をつくろうとする動きである。これは，2015 年 4 月に施行された生活困窮者自立支援法がきっかけとなって全国に広がったもので，同法第 6 条にある「生活困窮者である子どもに対し学習の援助を行う事業」として実施されるケースが多い。生活保護世帯の子どものみを対象とするのか，それともより幅広く学校や家庭での生活に困難をかかえる子どもについても対象とするのか，自治体によって事業の形態は異なるが，貧困の連鎖を断ち切るべく高校進学を果たすうえで必要な学力の底上げを目的としている点はおおむね共通している。学校とは異なる文化を有するからこそ落ち着いて勉強に臨めるという子のケースなど，学習支援の場が校外のセーフティネットとして機能する可能性も十分にあるだろう。

ただ，多様な学びの場を用意しさえすれば，学校教育から排除されるリスクの高い子どもに包摂の道が開かれるのか，それは定かではない。なぜならば，校外にセーフティネットが築かれたからといって，通常の学級や学校そのものが指導のあり方を工夫しなければ，問題を根本から解決することにはつながらないからである。たとえば，厳しい家庭環境をかかえた子への対応については校外で行われている学習支援の場に委ねるという判断を，学校側が下したとする。この場合，学校としては従来からの指導方針を大きく変える必要がないため，厳しい家庭環境をかかえた子に対して校内では何ら例外的な措置が講じられないという可能性も想定される。むろん，学習支援の場に継続して通うことにより，通常の学級で行われる授業に適応できるだけの力を蓄えた子ならば，それでも大きな問題はないのかもしれない。しかし，校外で学習面のフォローを受けてもなお，特別な配慮なしに授業の内容を理解するのはむずかしいという子は，通常の学級からいつまでも排除される結果となってしまう。

その点では，多様な学びの場を積極的に確保することで個別の教育的ニーズを充足していこうとする場合も，通常の学級や学校そのものを多様性に開かれた場へと変えていくための営みをないがしろにすることは許されないだろう。そしてそれは，厳しい家庭環境をかかえる子への対応のみならず，本章でここまで論じてきた障害のある子や不登校の状態にある子への対応を考えるときにも同じだといえる。通常の学級や学校で安心して学ぶことができなかった結果として，特別支援学校や特別支援学級，あるいは民間のフリースクールにたどりつく子がいるのだとすれば，多様な学びの場を準備することと通常の学級や学校を改革することの双方を追求していく必要がある。

そこで期待したいのが，通常の学級や学校とは異なる学びの場を運営する組織・団体・個人による「アドボカシー」の実践である。もともと「アドボカシー」とは障害者福祉や高齢者福祉の領域で頻繁に用いられる概念で，社会的弱者の権利を擁護するべくその意見や要求を代弁する行為を意味していた。近年では，子どもソーシャルワークの実践のなかでも注目されるようになり（堀・栄留　2009），弱い立場にある子どもの意思を代弁しその権利を擁護する活動をさす言葉となっている（武井　2017）。たとえば，校外で学習支援の場を提供する団体が厳しい家庭環境をかかえる子どもにかかわる個別的な情報をキャッチし，それを校内での指導に活かしてもらえるよう学校側に伝えるといったケースは，まさに「アドボカシー」の実践といえるだろう。むろん，ときには校内で合理的な配慮を得らえていないことが原因となって子どもが不利益を被っているとして，対応の改善を求めねばならない場面が出てくるかもしれない。しかしそれが，通常の学級や学校を多様性に開かれた場へと変えていくことにつながるものであるならば，積極的に提起していかねばならない。

さらに，通常の学級を多様性に開かれた場としていくためにも「アドボカシー」は重要な意味をもつ。近年，身体的・経済的・文化的な差異を有する子どもを通常の学級に包摂するべく，「チームとしての学校」という理念が唱えられている。そこでは，心理や福祉の専門家（スクールカウンセラーやスクールソーシャルワーカー）の増員，外国につながる子どものための「日本語指導員」や障害のある子どものための「特別支援教育支援員」の配置など，教員とは異なる立場にあるスタッフの拡充が図られつつある。しかし，「チームとしての学校」を推し進めるだけで通常の学級を多様性に開かれた場にできると，安易に考えるべきではないだろう。せっかく多様な知識や経験を有したスタッフが校内で活動できる体制を整えたとしても，そこで文脈への配慮を欠いた通り一遍の対応を繰り返されるのであれば，学校的な価値や規範になじめない子に対する排除の圧力が強まるだけである。

よって，弱い立場にある子どもの意思を代弁しその権利を擁護する「アドボカシー」の実践は，教員と異なる存在として校内で活動するスタッフにも求められるのではないか。たとえば，ある教室に「特別支援教育支援員」が継続してたずさわるなかで，板書をノートに写すのに手一杯で学習の理解に遅れが生じてしまった子を発見したとする。このとき，「特別支援教育支援員」が板書の量を減らすよう教員に進言しなければ，その子はいつまでも授業についていけないままとなってしまうだろう。教科指導のあり方にまで口を挟まれることにもしかすると教員は反発するかもしれないが，学習の理解が遅れがちな子がかかえる困難を解消するためには，個別の文脈に配慮した対応を「特別支援教育支援員」の側から求めていく必要がある。多様な知識や経験を有したスタッフが校内で活動することを，教員だけではキャッチしきれない子どもの声を拾い上げる契機とするためには，スタッフによる「アドボカシー」の実践とそれを前向きに受け止める学校側のスタンスが肝要となろう。

深い学びのための課題

1．個別の教育的ニーズを充足するために子どもたちを「分ける」ことを許容すべきという主張と，子どもたちを「分けない」で済むよう学校そのものを多様性に開かれた場とすることを優先すべきという主張，教員として（あるいは教員を志す者として）あなたはこれら２つの考え方をどのように引き受けるか考えてみよう。

注

1）「特殊学級」は，障害のある子どもを対象として小学校，中学校等に置かれる学級である。特殊教育から特別支援教育への転換に伴って，「特別支援学級」と呼ばれるようになった。詳しくは後述する。

2）平成28年度特別支援教育体制整備状況調査結果より（http://www.mext.go.jp/a_menu/shotou/tokubetu/material/1383567.htm，：2020年8月18日最終閲覧，以下URL同じ）。

3）1991年のデータはウェブページ（http://www.mext.go.jp/b_menu/shingi/chousa/shotou/108/shiryo/__icsFiles/afieldfile/2015/06/10/1357554_06.pdf）より。2015年のデータは「平成27年度児童生徒の問題行動等生徒指導上の諸問題に関する調査」より。

4）教育機会確保法成立までの経緯については，全国登校拒否・不登校問題研究会編（2016）に詳しい。

5）法制化を推進する立場と慎重な立場の間で具体的にどのような議論が交わされたのかについては，山本（2016）に詳しい。

6）たとえば嶺井（2015：121-122頁）は「インクルーシブ教育は，子どもたちの多様性を尊重しながら，同じ場で，ともに学ぶ機会をつくりだすこと」を意味するものであり，「多様性を尊重するために，教育や学習の機会を別々にする，というものではない」ことから，「同法案はインクルーシブ教育とは相いれない」と結論づける。そのうえで，「保護者の『就学義務』制度は従来通りとし，例外として，一条校以外の場で普通教育を受けることを認める」といった「対案」を提起していた。

引用・参考文献

川北稔（2014）「障害をめぐる専門的知識と教育（１）―養護学校義務化と『福祉労働』誌」『愛知教育大学研究報告 教育科学編』63，179-187頁

喜多明人（2016）「子どもの学ぶ権利の行使と多様な学び保障」『教育』4月号，かもがわ出版，69-75頁

酒井朗・川畑俊一（2011）「不登校問題の批判的検討―脱落型不登校の顕在化と支援体制の変化に基づいて」『大妻女子大学家政系研究紀要』第47号，47-58頁

佐川佳之（2010）「フリースクール運動における不登校支援の再構成」『教育社会学研究』第87集，47-67頁

桜井智恵子（2016）「（多様な）教育機会確保法案が招く新自由主義の学校制度」『季刊　福祉労働』第150号，現代書館，16-26頁

志水宏吉（2002）「学校世界の多文化化―日本の学校はどう変わるか」宮島喬・加納弘勝編『国際社会2　変容する日本社会と文化』東京大学出版会，69-92頁

志水宏吉・高田一宏・堀家由妃代・山本晃輔（2014）「マイノリティと教育」『教育社会学研究』第

95 集，133-170 頁
全国登校拒否・不登校問題研究会編（2016）『登校拒否・不登校問題資料集』創風社
武井哲郎（2014）「特別支援教育における『親の会』の役割と限界―親と子の関係性に着目して」『人間発達研究所紀要』第 27 号，2-14 頁
――（2016）「養護学校義務制をめぐる運動と論争」中村隆一・渡部昭男編著『人間発達研究の創出と展開―田中昌人・田中杉恵の仕事をとおして歴史をつなぐ』群青社，184-195 頁
――（2017）『「開かれた学校」の功罪―ボランティアの参入と子どもの排除／包摂』明石書店
田中昌人（1977）「第 4 章 障害児教育に対する攻撃と攪乱の諸潮流批判」五十嵐顕・川合章編『講座日本の教育 別巻 教育諸潮流の批判』新日本出版社，266-318 頁
谷口聡（2016）「教育の多様性と機会均等の政策論的検討―教育機会確保法案の分析を通じて」『教育制度学研究』第 23 号，2-19 頁
恒吉僚子（1995）「教室の中の社会―日本の学校文化とニューカマーの子どもたち」佐藤学編『教室という場所』国土社，185-214 頁
――（1996）「多文化共存時代の日本の学校文化」堀尾輝久他編『講座学校 6　学校という磁場』柏書房，215-240 頁
堀正嗣・栄留里美（2009）『子どもソーシャルワークとアドボカシー実践』明石書店
堀智久（2014）『障害学のアイデンティティ―日本における障害者運動の歴史から』生活書院
嶺井正也（2015）「これはインクルージョンと相いれない―『多様な教育機会確保法（仮称）案』の問題点」『季刊 福祉労働』第 148 号，現代書館，120-123 頁
山本宏樹（2016）「教育機会確保法案の政治社会学―情勢分析と権利保障実質化のための試論」『〈教育と社会〉研究』第 26 号，5-21 頁
雪丸武彦（2011）「戦後日本の障害児就学をめぐる政策過程（2）―障害児教育をめぐる文部省，民間団体の思想の検討」『教育経営学研究紀要』第 14 号，5-13 頁
――（2016）「共生時代における障害のある者と障害のない者の『教育機会の均等』―就学制度の変更と課題」『教育制度学研究』第 23 号，20-38 頁

資　料

○日本国憲法（抄）

1946年11年3日公布

前　文

日本国民は，正当に選挙された国会における代表者を通じて行動し，われらとわれらの子孫のために，諸国民との協和による成果と，わが国全土にわたつて自由のもたらす恵沢を確保し，政府の行為によつて再び戦争の惨禍が起ることのないやうにすることを決意し，ここに主権が国民に存することを宣言し，この憲法を確定する。そもそも国政は，国民の厳粛な信託によるものであつて，その権威は国民に由来し，その権力は国民の代表者がこれを行使し，その福利は国民がこれを享受する。これは人類普遍の原理であり，この憲法は，かかる原理に基くものである。われらは，これに反する一切の憲法，法令及び詔勅を排除する。

日本国民は，恒久の平和を念願し，人間相互の関係を支配する崇高な理想を深く自覚するのであつて，平和を愛する諸国民の公正と信義に信頼して，われらの安全と生存を保持しようと決意した。われらは，平和を維持し，専制と隷従，圧迫と偏狭を地上から永遠に除去しようと努めてゐる国際社会において，名誉ある地位を占めたいと思ふ。われらは，全世界の国民が，ひとしく恐怖と欠乏から免かれ，平和のうちに生存する権利を有することを確認する。

われらは，いづれの国家も，自国のことのみに専念して他国を無視してはならないのであつて，政治道徳の法則は，普遍的なものであり，この法則に従ふことは，自国の主権を維持し，他国と対等関係に立たうとする各国の責務であると信ずる。

日本国民は，国家の名誉にかけ，全力をあげてこの崇高な理想と目的を達成することを誓ふ。

第3章　国民の権利及び義務

第10条　日本国民たる要件は，法律でこれを定める。

第11条　国民は，すべての基本的人権の享有を妨げられない。この憲法が国民に保障する基本的人権は，侵すことのできない永久の権利として，現在及び将来の国民に与へられる。

第12条　この憲法が国民に保障する自由及び権利は，国民の不断の努力によつて，これを保持しなければならない。又，国民は，これを濫用してはならないのであつて，常に公共の福祉のためにこれを利用する責任を負ふ。

第13条　すべて国民は，個人として尊重される。生命，自由及び幸福追求に対する国民の権利については，公共の福祉に反しない限り，立法その他の国政の上で，最大の尊重を必要とする。

第14条　すべて国民は，法の下に平等であつて，人種，信条，性別，社会的身分又は門地により，政治的，経済的又は社会的関係において，差別されない。（第14条2，3　略）

第15条　公務員を選定し，及びこれを罷免することは，国民固有の権利である。

2　すべて公務員は，全体の奉仕者であつて，一部の奉仕者ではない。

3　公務員の選挙については，成年者による普通選挙を保障する。

4　すべて選挙における投票の秘密は，これを侵してはならない。選挙人は，その選択に関し公的にも私的にも責任を問はれない。

第16条　何人も，損害の救済，公務員の罷免，法律，命令又は規則の制定，廃止又は改正その他の事項に関し，平穏に請願する権利を有し，何人も，かかる請願をしたためにいかなる差別待遇も受けない。

第17条　何人も，公務員の不法行為により，損害を受けたときは，法律の定めるところにより，国又は公共団体に，その賠償を求めることができる。

第18条　何人も，いかなる奴隷的拘束も受けない。又，犯罪に因る処罰の場合を除いては，その意に反する苦役に服させられない。

第19条　思想及び良心の自由は，これを侵してはならない。

第20条　信教の自由は，何人に対してもこれを保障する。いかなる宗教団体も，国から特権を受け，又は政治上の権力を行使してはならない。

2　何人も，宗教上の行為，祝典，儀式又は行事に参加することを強制されない。
3　国及びその機関は，宗教教育その他いかなる宗教的活動もしてはならない。
第21条　集会，結社及び言論，出版その他一切の表現の自由は，これを保障する。
2　検閲は，これをしてはならない。通信の秘密は，これを侵してはならない。
第22条　何人も，公共の福祉に反しない限り，居住，移転及び職業選択の自由を有する。
2　何人も，外国に移住し，又は国籍を離脱する自由を侵されない。
第23条　学問の自由は，これを保障する。
第24条　婚姻は，両性の合意のみに基いて成立し，夫婦が同等の権利を有することを基本として，相互の協力により，維持されなければならない。
2　配偶者の選択，財産権，相続，住居の選定，離婚並びに婚姻及び家族に関するその他の事項に関しては，法律は，個人の尊厳と両性の本質的平等に立脚して，制定されなければならない。
第25条　すべて国民は，健康で文化的な最低限度の生活を営む権利を有する。
2　国は，すべての生活部面について，社会福祉，社会保障及び公衆衛生の向上及び増進に努めなければならない。
第26条　すべて国民は，法律の定めるところにより，その能力に応じて，ひとしく教育を受ける権利を有する。
2　すべて国民は，法律の定めるところにより，その保護する子女に普通教育を受けさせる義務を負ふ。義務教育は，これを無償とする。
第27条　すべて国民は，勤労の権利を有し，義務を負ふ。
2　賃金，就業時間，休息その他の勤労条件に関する基準は，法律でこれを定める。
3　児童は，これを酷使してはならない。
第28条　勤労者の団結する権利及び団体交渉その他の団体行動をする権利は，これを保障する。

○子どもの権利条約（抄）
（児童の権利に関する条約：外務省訳）
1989年11月20日：国連総会第44回総会採択
前　文
この条約の締約国は，国際連合憲章において宣明された原則によれば，人類社会のすべての構成員の固有の尊厳及び平等のかつ奪い得ない権利を認めることが世界における自由，正義及び平和の基礎を成すものであることを考慮し，国際連合加盟国の国民が，国際連合憲章において，基本的人権並びに人間の尊厳及び価値に関する信念を改めて確認し，かつ，一層大きな自由の中で社会的進歩及び生活水準の向上を促進することを決意したことに留意し，国際連合が，世界人権宣言及び人権に関する国際規約において，すべての人は人種，皮膚の色，性，言語，宗教，政治的意見その他の意見，国民的若しくは社会的出身，財産，出生又は他の地位等によるいかなる差別もなしに同宣言及び同規約に掲げるすべての権利及び自由を享有することができることを宣明し及び合意したことを認め，国際連合が，世界人権宣言において，児童は特別な保護及び援助についての権利を享有することができることを宣明したことを想起し，家族が，社会の基礎的な集団として，並びに家族のすべての構成員，特に，児童の成長及び福祉のための自然な環境として，社会においてその責任を十分に引き受けることができるよう必要な保護及び援助を与えられるべきであることを確信し，児童が，その人格の完全なかつ調和のとれた発達のため，家庭環境の下で幸福，愛情及び理解のある雰囲気の中で成長すべきであることを認め，児童が，社会において個人として生活するため十分な準備が整えられるべきであり，かつ，国際連合憲章において宣明された理想の精神並びに特に平和，尊厳，寛容，自由，平等及び連帯の精神に従って育てられるべきであることを考慮し，児童に対して特別な保護を与えることの必要性が，1924年の児童の権利に関するジュネーヴ宣言及び1959年11月20日に国際連合総会で採択された児童の権利に関する宣言において述べられており，また，世界人権宣言，市民的及び政治的権利に関する国際規約（特に第23条及び第24条），経済的，社会的及び文化的権利に関する国際規約（特に第10条）並びに児童の福祉に関係する専門機関及び国際機関の規程及び関係文書において認められていることに留意し，児童の権利に関する宣言において示されているとおり「児童は，身体的及び精神的に未熟であるため，その出生の前後において，適当な法的保護を含む特別な保護及び世話を必要とする。」ことに留意し，国内の又は国際的な里親委託及び養子縁組を特に考慮した児童の保護及び福祉についての社会的及び法的な原則に関する宣言，少年司法の運用のための国際連合最低基準規則（北京規則）及び緊急事態及び武力紛争における女子及び児童の保護に関する宣言の規定を想起し，極めて困難な条件の下で生活している児童が世界のすべての国に存在すること，また，このような児童が特別の配慮を必要としていることを認め，児童の保護及び調和のとれた発達のために各人民の伝統及び文化的価値が有する重要性を十分に考慮し，あらゆる国特に開発途上国における児童の生活条件を改善するために国際協力が重要であることを認めて，次のとおり協定した。

第1部

第1条　この条約の適用上，児童とは，18歳未満のすべての者をいう。ただし，当該児童で，その者に適用される法律によりより早く成年に達したものを除く。

第2条　**1**　締約国は，その管轄の下にある児童に対し，児童又はその父母若しくは法定保護者の人種，皮膚の色，性，言語，宗教，政治的意見その他の意見，国民的，種族的若しくは社会的出身，財産，心身障害，出生又は他の地位にかかわらず，いかなる差別もなしにこの条約に定める権利を尊重し，及び確保する。

2　締約国は，児童がその父母，法定保護者又は家族の構成員の地位，活動，表明した意見又は信念によるあらゆる形態の差別又は処罰から保護されることを確保するためのすべての適当な措置をとる。

第3条　**1**　児童に関するすべての措置をとるに当たっては，公的若しくは私的な社会福祉施設，裁判所，行政当局又は立法機関のいずれによって行われるものであっても，児童の最善の利益が主として考慮されるものとする。

2　締約国は，児童の父母，法定保護者又は児童について法的に責任を有する他の者の権利及び義務を考慮に入れて，児童の福祉に必要な保護及び養護を確保することを約束し，このため，すべての適当な立法上及び行政上の措置をとる。

3　締約国は，児童の養護又は保護のための施設，役務の提供及び設備が，特に安全及び健康の分野に関し並びにこれらの職員の数及び適格性並びに適正な監督に関し権限のある当局の設定した基準に適合することを確保する。

第4条　締約国は，この条約において認められる権利の実現のため，すべての適当な立法措置，行政措置その他の措置を講ずる。締約国は，経済的，社会的及び文化的権利に関しては，自国における利用可能な手段の最大限の範囲内で，また，必要な場合には国際協力の枠内で，これらの措置を講ずる。

第5条　締約国は，児童がこの条約において認められる権利を行使するに当たり，父母若しくは場合により地方の慣習により定められている大家族若しくは共同体の構成員，法定保護者又は児童について法的に責任を有する他の者がその児童の発達しつつある能力に適合する方法で適当な指示及び指導を与える責任，権利及び義務を尊重する。

第6条　**1**　締約国は，すべての児童が生命に対する固有の権利を有することを認める。

2　締約国は，児童の生存及び発達を可能な最大限の範囲において確保する。

《中略》

第12条　**1**　締約国は，自己の意見を形成する能力のある児童がその児童に影響を及ぼすすべての事項について自由に自己の意見を表明する権利を確保する。この場合において，児童の意見は，その児童の年齢及び成熟度に従って相応に考慮されるものとする。

2　このため，児童は，特に，自己に影響を及ぼすあらゆる司法上及び行政上の手続において，国内法の手続規則に合致する方法により直接に又は代理人若しくは適当な団体を通じて聴取される機会を与えられる。

第13条　**1**　児童は，表現の自由についての権利を有する。この権利には，口頭，手書き若しくは印刷，芸術の形態又は自ら選択する他の方法により，国境とのかかわりなく，あらゆる種類の情報及び考えを求め，受け及び伝える自由を含む。

2　1の権利の行使については，一定の制限を課することができる。ただし，その制限は，法律によって定められ，かつ，次の目的のために必要とされるものに限る。

(a)　他の者の権利又は信用の尊重

(b)　国の安全，公の秩序又は公衆の健康若し

くは道徳の保護

第 14 条　1　締約国は，思想，良心及び宗教の自由についての児童の権利を尊重する。

2　締約国は，児童が 1 の権利を行使するに当たり，父母及び場合により法定保護者が児童に対しその発達しつつある能力に適合する方法で指示を与える権利及び義務を尊重する。

3　宗教又は信念を表明する自由については，法律で定める制限であって公共の安全，公の秩序，公衆の健康若しくは道徳又は他の者の基本的な権利及び自由を保護するために必要なもののみを課することができる。

第 15 条　1　締約国は，結社の自由及び平和的な集会の自由についての児童の権利を認める。

2　1 の権利の行使については，法律で定める制限であって国の安全若しくは公共の安全，公の秩序，公衆の健康若しくは道徳の保護又は他の者の権利及び自由の保護のため民主的社会において必要なもの以外のいかなる制限も課することができない。

《中略》

第 23 条　1　締約国は，精神的又は身体的な障害を有する児童が，その尊厳を確保し，自立を促進し及び社会への積極的な参加を容易にする条件の下で十分かつ相応な生活を享受すべきであることを認める。

2　締約国は，障害を有する児童が特別の養護についての権利を有することを認めるものとし，利用可能な手段の下で，申込みに応じた，かつ，当該児童の状況及び父母又は当該児童を養護している他の者の事情に適した援助を，これを受ける資格を有する児童及びこのような児童の養護について責任を有する者に与えることを奨励し，かつ，確保する。

3　障害を有する児童の特別な必要を認めて，2 の規定に従って与えられる援助は，父母又は当該児童を養護している他の者の資力を考慮して可能な限り無償で与えられるものとし，かつ，障害を有する児童が可能な限り社会への統合及び個人の発達（文化的及び精神的な発達を含む。）を達成することに資する方法で当該児童が教育，訓練，保健サービス，リハビリテーション・サービス，雇用のための準備及びレクリエーションの機会を実質的に利用し及び享受することができるように行われるものとする。

4　締約国は，国際協力の精神により，予防的な保健並びに障害を有する児童の医学的，心理学的及び機能的治療の分野における適当な情報の交換（リハビリテーション，教育及び職業サービスの方法に関する情報の普及及び利用を含む。）であってこれらの分野における自国の能力及び技術を向上させ並びに自国の経験を広げることができるようにすることを目的とするものを促進する。これに関しては，特に，開発途上国の必要を考慮する。

《中略》

第 27 条　1　締約国は，児童の身体的，精神的，道徳的及び社会的な発達のための相当な生活水準についてのすべての児童の権利を認める。

2　父母又は児童について責任を有する他の者は，自己の能力及び資力の範囲内で，児童の発達に必要な生活条件を確保することについての第一義的な責任を有する。

3　締約国は，国内事情に従い，かつ，その能力の範囲内で，1 の権利の実現のため，父母及び児童について責任を有する他の者を援助するための適当な措置をとるものとし，また，必要な場合には，特に栄養，衣類及び住居に関して，物的援助及び支援計画を提供する。

4　締約国は，父母又は児童について金銭上の責任を有する他の者から，児童の扶養料を自国内で及び外国から，回収することを確保するためのすべての適当な措置をとる。特に，児童について金銭上の責任を有する者が児童と異なる国に居住している場合には，締約国は，国際協定への加入又は国際協定の締結及び他の適当な取決めの作成を促進する。

第 28 条　1　締約国は，教育についての児童の権利を認めるものとし，この権利を漸進的にかつ機会の平等を基礎として達成するため，特に，

(a) 初等教育を義務的なものとし，すべての者に対して無償のものとする。

(b) 種々の形態の中等教育（一般教育及び職業教育を含む。）の発展を奨励し，すべての児童に対し，これらの中等教育が利用可能であり，かつ，これらを利用する機会が与えられるものとし，例えば，無償教育の導入，必要な場合における財政的援助の提供のような適当な措置をとる。

(c) すべての適当な方法により，能力に応じ，すべての者に対して高等教育を利用する機会が

与えられるものとする。
(d) すべての児童に対し，教育及び職業に関する情報及び指導が利用可能であり，かつ，これらを利用する機会が与えられるものとする。
(e) 定期的な登校及び中途退学率の減少を奨励するための措置をとる。

2　締約国は，学校の規律が児童の人間の尊厳に適合する方法で及びこの条約に従って運用されることを確保するためのすべての適当な措置をとる。

3　締約国は，特に全世界における無知及び非識字の廃絶に寄与し並びに科学上及び技術上の知識並びに最新の教育方法の利用を容易にするため，教育に関する事項についての国際協力を促進し，及び奨励する。これに関しては，特に，開発途上国の必要を考慮する。

第29条　1　締約国は，児童の教育が次のことを指向すべきことに同意する。
(a) 児童の人格，才能並びに精神的及び身体的な能力をその可能な最大限度まで発達させること。
(b) 人権及び基本的自由並びに国際連合憲章にうたう原則の尊重を育成すること。
(c) 児童の父母，児童の文化的同一性，言語及び価値観，児童の居住国及び出身国の国民的価値観並びに自己の文明と異なる文明に対する尊重を育成すること。
(d) すべての人民の間の，種族的，国民的及び宗教的集団の間の並びに原住民である者の理解，平和，寛容，両性の平等及び友好の精神に従い，自由な社会における責任ある生活のために児童に準備させること。
(e) 自然環境の尊重を育成すること。

2　この条又は前条のいかなる規定も，個人及び団体が教育機関を設置し及び管理する自由を妨げるものと解してはならない。ただし，常に，1に定める原則が遵守されること及び当該教育機関において行われる教育が国によって定められる最低限度の基準に適合することを条件とする。

第30条　種族的，宗教的若しくは言語的少数民族又は原住民である者が存在する国において，当該少数民族に属し又は原住民である児童は，その集団の他の構成員とともに自己の文化を享有し，自己の宗教を信仰しかつ実践し又は自己の言語を使用する権利を否定されない。

第31条　1　締約国は，休息及び余暇についての児童の権利並びに児童がその年齢に適した遊び及びレクリエーションの活動を行い並びに文化的な生活及び芸術に自由に参加する権利を認める。

2　締約国は，児童が文化的及び芸術的な生活に十分に参加する権利を尊重しかつ促進するものとし，文化的及び芸術的な活動並びにレクリエーション及び余暇の活動のための適当かつ平等な機会の提供を奨励する。

第32条　1　締約国は，児童が経済的な搾取から保護され及び危険となり若しくは児童の教育の妨げとなり又は児童の健康若しくは身体的，精神的，道徳的若しくは社会的な発達に有害となるおそれのある労働への従事から保護される権利を認める。

2　締約国は，この条の規定の実施を確保するための立法上，行政上，社会上及び教育上の措置をとる。このため，締約国は，他の国際文書の関連規定を考慮して，特に，
(a)　雇用が認められるための1又は2以上の最低年齢を定める。
(b)　労働時間及び労働条件についての適当な規則を定める。
(c)　この条の規定の効果的な実施を確保するための適当な罰則その他の制裁を定める。

第33条　締約国は，関連する国際条約に定義された麻薬及び向精神薬の不正な使用から児童を保護し並びにこれらの物質の不正な生産及び取引における児童の使用を防止するための立法上，行政上，社会上及び教育上の措置を含むすべての適当な措置をとる。

第34条　締約国は，あらゆる形態の性的搾取及び性的虐待から児童を保護することを約束する。このため，締約国は，特に，次のことを防止するためのすべての適当な国内，二国間及び多数国間の措置をとる。
(a) 不法な性的な行為を行うことを児童に対して勧誘し又は強制すること。
(b) 売春又は他の不法な性的な業務において児童を搾取的に使用すること
(c) わいせつな演技及び物において児童を搾取的に使用すること

第35条　締約国は，あらゆる目的のための又はあらゆる形態の児童の誘拐，売買又は取引を防止するためのすべての適当な国内，二国間及

び多数国間の措置をとる。
第36条　締約国は，いずれかの面において児童の福祉を害する他のすべての形態の搾取から児童を保護する。
《以下略》

○教育基本法

2006年12月22日公布

我々日本国民は，たゆまぬ努力によって築いてきた民主的で文化的な国家を更に発展させるとともに，世界の平和と人類の福祉の向上に貢献することを願うものである。

我々は，この理想を実現するため，個人の尊厳を重んじ，真理と正義を希求し，公共の精神を尊び，豊かな人間性と創造性を備えた人間の育成を期するとともに，伝統を継承し，新しい文化の創造を目指す教育を推進する。

ここに，我々は，日本国憲法の精神にのっとり，我が国の未来を切り拓ひらく教育の基本を確立し，その振興を図るため，この法律を制定する。

第1章　教育の目的及び理念

（教育の目的）
第1条　教育は，人格の完成を目指し，平和で民主的な国家及び社会の形成者として必要な資質を備えた心身ともに健康な国民の育成を期して行われなければならない。
（教育の目標）
第2条　教育は，その目的を実現するため，学問の自由を尊重しつつ，次に掲げる目標を達成するよう行われるものとする。

一　幅広い知識と教養を身に付け，真理を求める態度を養い，豊かな情操と道徳心を培うとともに，健やかな身体を養うこと。

二　個人の価値を尊重して，その能力を伸ばし，創造性を培い，自主及び自律の精神を養うとともに，職業及び生活との関連を重視し，勤労を重んずる態度を養うこと。

三　正義と責任，男女の平等，自他の敬愛と協力を重んずるとともに，公共の精神に基づき，主体的に社会の形成に参画し，その発展に寄与する態度を養うこと。

四　生命を尊び，自然を大切にし，環境の保全に寄与する態度を養うこと。

五　伝統と文化を尊重し，それらをはぐくんできた我が国と郷土を愛するとともに，他国を尊重し，国際社会の平和と発展に寄与する態度を養うこと。

（生涯学習の理念）
第3条　国民一人一人が，自己の人格を磨き，豊かな人生を送ることができるよう，その生涯にわたって，あらゆる機会に，あらゆる場所において学習することができ，その成果を適切に生かすことのできる社会の実現が図られなければならない。
（教育の機会均等）
第4条　すべて国民は，ひとしく，その能力に応じた教育を受ける機会を与えられなければならず，人種，信条，性別，社会的身分，経済的地位又は門地によって，教育上差別されない。

2　国及び地方公共団体は，障害のある者が，その障害の状態に応じ，十分な教育を受けられるよう，教育上必要な支援を講じなければならない。

3　国及び地方公共団体は，能力があるにもかかわらず，経済的理由によって修学が困難な者に対して，奨学の措置を講じなければならない。

第2章　教育の実施に関する基本

（義務教育）
第5条　国民は，その保護する子に，別に法律で定めるところにより，普通教育を受けさせる義務を負う。

2　義務教育として行われる普通教育は，各個人の有する能力を伸ばしつつ社会において自立的に生きる基礎を培い，また，国家及び社会の形成者として必要とされる基本的な資質を養うことを目的として行われるものとする。

3　国及び地方公共団体は，義務教育の機会を保障し，その水準を確保するため，適切な役割分担及び相互の協力の下，その実施に責任を負う。

4　国又は地方公共団体の設置する学校における義務教育については，授業料を徴収しない。
（学校教育）
第6条　法律に定める学校は，公の性質を有するものであって，国，地方公共団体及び法律に定める法人のみが，これを設置することができる。

2　前項の学校においては，教育の目標が達成されるよう，教育を受ける者の心身の発達に応じて，体系的な教育が組織的に行われなければならない。この場合において，教育を受ける者が，学校生活を営む上で必要な規律を重んずるとともに，自ら進んで学習に取り組む意欲を高めることを重視して行われなければならない。

（大学）

第7条　大学は，学術の中心として，高い教養と専門的能力を培うとともに，深く真理を探究して新たな知見を創造し，これらの成果を広く社会に提供することにより，社会の発展に寄与するものとする。

2　大学については，自主性，自律性その他の大学における教育及び研究の特性が尊重されなければならない。

（私立学校）

第8条　私立学校の有する公の性質及び学校教育において果たす重要な役割にかんがみ，国及び地方公共団体は，その自主性を尊重しつつ，助成その他の適当な方法によって私立学校教育の振興に努めなければならない。

（教員）

第9条　法律に定める学校の教員は，自己の崇高な使命を深く自覚し，絶えず研究と修養に励み，その職責の遂行に努めなければならない。

2　前項の教員については，その使命と職責の重要性にかんがみ，その身分は尊重され，待遇の適正が期せられるとともに，養成と研修の充実が図られなければならない。

（家庭教育）

第10条　父母その他の保護者は，子の教育について第一義的責任を有するものであって，生活のために必要な習慣を身に付けさせるとともに，自立心を育成し，心身の調和のとれた発達を図るよう努めるものとする。

2　国及び地方公共団体は，家庭教育の自主性を尊重しつつ，保護者に対する学習の機会及び情報の提供その他の家庭教育を支援するために必要な施策を講ずるよう努めなければならない。

（幼児期の教育）

第11条　幼児期の教育は，生涯にわたる人格形成の基礎を培う重要なものであることにかんがみ，国及び地方公共団体は，幼児の健やかな成長に資する良好な環境の整備その他適当な方法によって，その振興に努めなければならない。

（社会教育）

第12条　個人の要望や社会の要請にこたえ，社会において行われる教育は，国及び地方公共団体によって奨励されなければならない。

2　国及び地方公共団体は，図書館，博物館，公民館その他の社会教育施設の設置，学校の施設の利用，学習の機会及び情報の提供その他の適当な方法によって社会教育の振興に努めなければならない。

（学校，家庭及び地域住民等の相互の連携協力）

第13条　学校，家庭及び地域住民その他の関係者は，教育におけるそれぞれの役割と責任を自覚するとともに，相互の連携及び協力に努めるものとする。

（政治教育）

第14条　良識ある公民として必要な政治的教養は，教育上尊重されなければならない。

2　法律に定める学校は，特定の政党を支持し，又はこれに反対するための政治教育その他政治的活動をしてはならない。

（宗教教育）

第15条　宗教に関する寛容の態度，宗教に関する一般的な教養及び宗教の社会生活における地位は，教育上尊重されなければならない。

2　国及び地方公共団体が設置する学校は，特定の宗教のための宗教教育その他宗教的活動をしてはならない。

第3章　教育行政

（教育行政）

第16条　教育は，不当な支配に服することなく，この法律及び他の法律の定めるところにより行われるべきものであり，教育行政は，国と地方公共団体との適切な役割分担及び相互の協力の下，公正かつ適正に行われなければならない。

2　国は，全国的な教育の機会均等と教育水準の維持向上を図るため，教育に関する施策を総合的に策定し，実施しなければならない。

3　地方公共団体は，その地域における教育の振興を図るため，その実情に応じた教育に関する施策を策定し，実施しなければならない。

4　国及び地方公共団体は，教育が円滑かつ継続的に実施されるよう，必要な財政上の措置を講じなければならない。

（教育振興基本計画）

第17条　政府は，教育の振興に関する施策の総合的かつ計画的な推進を図るため，教育の振興に関する施策についての基本的な方針及び講ずべき施策その他必要な事項について，基本的な計画を定め，これを国会に報告するとともに，公表しなければならない。

2　地方公共団体は，前項の計画を参酌し，その地域の実情に応じ，当該地方公共団体における教育の振興のための施策に関する基本的な計画を定めるよう努めなければならない。

第4章　法令の制定

第18条　この法律に規定する諸条項を実施するため，必要な法令が制定されなければならない。

附　則　抄

（施行期日）

1　この法律は，公布の日から施行する。

○学校教育法（抄）

1947年3月31日公布

第1章　総則

第1条　この法律で，学校とは，幼稚園，小学校，中学校，義務教育学校，高等学校，中等教育学校，特別支援学校，大学及び高等専門学校とする。

第2条　学校は，国（国立大学法人法（平成15年法律第112号）第2条第1項に規定する国立大学法人及び独立行政法人国立高等専門学校機構を含む。以下同じ。），地方公共団体（地方独立行政法人法（平成15年法律第118号）第68条第1項に規定する公立大学法人（以下「公立大学法人」という。）を含む。次項及び第127条において同じ。）及び私立学校法（昭和24年法律第270号）第3条に規定する学校法人（以下「学校法人」という。）のみが，これを設置することができる。

2　この法律で，国立学校とは，国の設置する学校を，公立学校とは，地方公共団体の設置する学校を，私立学校とは，学校法人の設置する学校をいう。

第3条　学校を設置しようとする者は，学校の種類に応じ，文部科学大臣の定める設備，編制その他に関する設置基準に従い，これを設置しなければならない。

第4条　次の各号に掲げる学校の設置廃止，設置者の変更その他政令で定める事項（次条において「設置廃止等」という。）は，それぞれ当該各号に定める者の認可を受けなければならない。これらの学校のうち，高等学校（中等教育学校の後期課程を含む。）の通常の課程（以下「全日制の課程」という。），夜間その他特別の時間又は時期において授業を行う課程（以下「定時制の課程」という。）及び通信による教育を行う課程（以下「通信制の課程」という。），大学の学部，大学院及び大学院の研究科並びに第108条第2項の大学の学科についても，同様とする。

一　公立又は私立の大学及び高等専門学校　文部科学大臣

二　市町村（市町村が単独で又は他の市町村と共同して設立する公立大学法人を含む。次条，第13条第2項，第14条，第130条第1項及び第131条において同じ。）の設置する高等学校，中等教育学校及び特別支援学校　都道府県の教育委員会

三　私立の幼稚園，小学校，中学校，義務教育学校，高等学校，中等教育学校及び特別支援学校　都道府県知事

2　前項の規定にかかわらず，同項第一号に掲げる学校を設置する者は，次に掲げる事項を行うときは，同項の認可を受けることを要しない。この場合において，当該学校を設置する者は，文部科学大臣の定めるところにより，あらかじめ，文部科学大臣に届け出なければならない。

一　大学の学部若しくは大学院の研究科又は第108条第2項の大学の学科の設置であつて，当該大学が授与する学位の種類及び分野の変更を伴わないもの

二　大学の学部若しくは大学院の研究科又は第108条第2項の大学の学科の廃止

三　前二号に掲げるもののほか，政令で定める事項

3　文部科学大臣は，前項の届出があつた場合において，その届出に係る事項が，設備，授業その他の事項に関する法令の規定に適合しないと認めるときは，その届出をした者に対し，必要な措置をとるべきことを命ずることができる。

4　地方自治法（昭和22年法律第67号）第252条の19第1項の指定都市（以下「指定都市」という。）（指定都市が単独で又は他の市町村と共同して設立する公立大学法人を含む。）の設置する高等学校，中等教育学校及び特別支援学校については，第一項の規定は，適用しな

い。この場合において，当該高等学校，中等教育学校及び特別支援学校を設置する者は，同項の規定により認可を受けなければならないとされている事項を行おうとするときは，あらかじめ，都道府県の教育委員会に届け出なければならない。

5　第2項第一号の学位の種類及び分野の変更に関する基準は，文部科学大臣が，これを定める。

第4条の2　市町村は，その設置する幼稚園の設置廃止等を行おうとするときは，あらかじめ，都道府県の教育委員会に届け出なければならない。

第5条　学校の設置者は，その設置する学校を管理し，法令に特別の定のある場合を除いては，その学校の経費を負担する。

第6条　学校においては，授業料を徴収することができる。ただし，国立又は公立の小学校及び中学校，義務教育学校，中等教育学校の前期課程又は特別支援学校の小学部及び中学部における義務教育については，これを徴収することができない。

第7条　学校には，校長及び相当数の教員を置かなければならない。

第8条　校長及び教員（教育職員免許法（昭和24年法律第147号）の適用を受ける者を除く。）の資格に関する事項は，別に法律で定めるもののほか，文部科学大臣がこれを定める。

第9条　次の各号のいずれかに該当する者は，校長又は教員となることができない。

一　禁錮以上の刑に処せられた者

二　教育職員免許法第10条第1項第二号又は第三号に該当することにより免許状がその効力を失い，当該失効の日から3年を経過しない者

三　教育職員免許法第11条第1項から第3項までの規定により免許状取上げの処分を受け，3年を経過しない者

四　日本国憲法施行の日以後において，日本国憲法又はその下に成立した政府を暴力で破壊することを主張する政党その他の団体を結成し，又はこれに加入した者

第10条　私立学校は，校長を定め，大学及び高等専門学校にあつては文部科学大臣に，大学及び高等専門学校以外の学校にあつては都道府県知事に届け出なければならない。

第11条　校長及び教員は，教育上必要があると認めるときは，文部科学大臣の定めるところにより，児童，生徒及び学生に懲戒を加えることができる。ただし，体罰を加えることはできない。

第12条　学校においては，別に法律で定めるところにより，幼児，児童，生徒及び学生並びに職員の健康の保持増進を図るため，健康診断を行い，その他その保健に必要な措置を講じなければならない。

第13条　第4条第1項各号に掲げる学校が次の各号のいずれかに該当する場合においては，それぞれ同項各号に定める者は，当該学校の閉鎖を命ずることができる。

一　法令の規定に故意に違反したとき

二　法令の規定によりその者がした命令に違反したとき

三　6箇月以上授業を行わなかつたとき

2　前項の規定は，市町村の設置する幼稚園に準用する。この場合において，同項中「それぞれ同項各号に定める者」とあり，及び同項第二号中「その者」とあるのは，「都道府県の教育委員会」と読み替えるものとする。

第14条　大学及び高等専門学校以外の市町村の設置する学校については都道府県の教育委員会，大学及び高等専門学校以外の私立学校については都道府県知事は，当該学校が，設備，授業その他の事項について，法令の規定又は都道府県の教育委員会若しくは都道府県知事の定める規程に違反したときは，その変更を命ずることができる。

第15条　文部科学大臣は，公立又は私立の大学及び高等専門学校が，設備，授業その他の事項について，法令の規定に違反していると認めるときは，当該学校に対し，必要な措置をとるべきことを勧告することができる。

2　文部科学大臣は，前項の規定による勧告によつてもなお当該勧告に係る事項（次項において「勧告事項」という。）が改善されない場合には，当該学校に対し，その変更を命ずることができる。

3　文部科学大臣は，前項の規定による命令によつてもなお勧告事項が改善されない場合には，当該学校に対し，当該勧告事項に係る組織の廃止を命ずることができる。

4　文部科学大臣は，第1項の規定による勧

告又は第2項若しくは前項の規定による命令を行うために必要があると認めるときは，当該学校に対し，報告又は資料の提出を求めることができる。

第2章　義務教育

第16条　保護者（子に対して親権を行う者（親権を行う者のないときは，未成年後見人）をいう。以下同じ。）は，次条に定めるところにより，子に九年の普通教育を受けさせる義務を負う。

第17条　保護者は，子の満6歳に達した日の翌日以後における最初の学年の初めから，満12歳に達した日の属する学年の終わりまで，これを小学校，義務教育学校の前期課程又は特別支援学校の小学部に就学させる義務を負う。ただし，子が，満12歳に達した日の属する学年の終わりまでに小学校の課程，義務教育学校の前期課程又は特別支援学校の小学部の課程を修了しないときは，満15歳に達した日の属する学年の終わり（それまでの間においてこれらの課程を修了したときは，その修了した日の属する学年の終わり）までとする。

2　保護者は，子が小学校の課程，義務教育学校の前期課程又は特別支援学校の小学部の課程を修了した日の翌日以後における最初の学年の初めから，満15歳に達した日の属する学年の終わりまで，これを中学校，義務教育学校の後期課程，中等教育学校の前期課程又は特別支援学校の中学部に就学させる義務を負う。

3　前2項の義務の履行の督促その他これらの義務の履行に関し必要な事項は，政令で定める。

第18条　前条第1項又は第2項の規定によつて，保護者が就学させなければならない子（以下それぞれ「学齢児童」又は「学齢生徒」という。）で，病弱，発育不完全その他やむを得ない事由のため，就学困難と認められる者の保護者に対しては，市町村の教育委員会は，文部科学大臣の定めるところにより，同条第1項又は第2項の義務を猶予又は免除することができる。

第19条　経済的理由によつて，就学困難と認められる学齢児童又は学齢生徒の保護者に対しては，市町村は，必要な援助を与えなければならない。

第20条　学齢児童又は学齢生徒を使用する者は，その使用によつて，当該学齢児童又は学齢生徒が，義務教育を受けることを妨げてはならない。

第21条　義務教育として行われる普通教育は，教育基本法（平成18年法律第120号）第5条第2項に規定する目的を実現するため，次に掲げる目標を達成するよう行われるものとする。

一　学校内外における社会的活動を促進し，自主，自律及び協同の精神，規範意識，公正な判断力並びに公共の精神に基づき主体的に社会の形成に参画し，その発展に寄与する態度を養うこと。

二　学校内外における自然体験活動を促進し，生命及び自然を尊重する精神並びに環境の保全に寄与する態度を養うこと。

三　我が国と郷土の現状と歴史について，正しい理解に導き，伝統と文化を尊重し，それらをはぐくんできた我が国と郷土を愛する態度を養うとともに，進んで外国の文化の理解を通じて，他国を尊重し，国際社会の平和と発展に寄与する態度を養うこと。

四　家族と家庭の役割，生活に必要な衣，食，住，情報，産業その他の事項について基礎的な理解と技能を養うこと。

五　読書に親しませ，生活に必要な国語を正しく理解し，使用する基礎的な能力を養うこと。

六　生活に必要な数量的な関係を正しく理解し，処理する基礎的な能力を養うこと。

七　生活にかかわる自然現象について，観察及び実験を通じて，科学的に理解し，処理する基礎的な能力を養うこと。

八　健康，安全で幸福な生活のために必要な習慣を養うとともに，運動を通じて体力を養い，心身の調和的発達を図ること。

九　生活を明るく豊かにする音楽，美術，文芸その他の芸術について基礎的な理解と技能を養うこと。

十　職業についての基礎的な知識と技能，勤労を重んずる態度及び個性に応じて将来の進路を選択する能力を養うこと。

第3章　幼稚園

第22条　幼稚園は，義務教育及びその後の教育の基礎を培うものとして，幼児を保育し，幼児の健やかな成長のために適当な環境を与えて，その心身の発達を助長することを目的とする。

第23条　幼稚園における教育は，前条に規定する目的を実現するため，次に掲げる目標を達成するよう行われるものとする。
一　健康，安全で幸福な生活のために必要な基本的な習慣を養い，身体諸機能の調和的発達を図ること。
二　集団生活を通じて，喜んでこれに参加する態度を養うとともに家族や身近な人への信頼感を深め，自主，自律及び協同の精神並びに規範意識の芽生えを養うこと。
三　身近な社会生活，生命及び自然に対する興味を養い，それらに対する正しい理解と態度及び思考力の芽生えを養うこと。
四　日常の会話や，絵本，童話等に親しむことを通じて，言葉の使い方を正しく導くとともに，相手の話を理解しようとする態度を養うこと。
五　音楽，身体による表現，造形等に親しむことを通じて，豊かな感性と表現力の芽生えを養うこと。

第24条　幼稚園においては，第22条に規定する目的を実現するための教育を行うほか，幼児期の教育に関する各般の問題につき，保護者及び地域住民その他の関係者からの相談に応じ，必要な情報の提供及び助言を行うなど，家庭及び地域における幼児期の教育の支援に努めるものとする。

第25条　幼稚園の教育課程その他の保育内容に関する事項は，第22条及び第23条の規定に従い，文部科学大臣が定める。

第26条　幼稚園に入園することのできる者は，満3歳から，小学校就学の始期に達するまでの幼児とする。

第27条　幼稚園には，園長，教頭及び教諭を置かなければならない。
2　幼稚園には，前項に規定するもののほか，副園長，主幹教諭，指導教諭，養護教諭，栄養教諭，事務職員，養護助教諭その他必要な職員を置くことができる。
3　第1項の規定にかかわらず，副園長を置くときその他特別の事情のあるときは，教頭を置かないことができる。
4　園長は，園務をつかさどり，所属職員を監督する。
5　副園長は，園長を助け，命を受けて園務をつかさどる。
6　教頭は，園長（副園長を置く幼稚園にあつては，園長及び副園長）を助け，園務を整理し，及び必要に応じ幼児の保育をつかさどる。
7　主幹教諭は，園長（副園長を置く幼稚園にあつては，園長及び副園長）及び教頭を助け，命を受けて園務の一部を整理し，並びに幼児の保育をつかさどる。
8　指導教諭は，幼児の保育をつかさどり，並びに教諭その他の職員に対して，保育の改善及び充実のために必要な指導及び助言を行う。
9　教諭は，幼児の保育をつかさどる。
10　特別の事情のあるときは，第一項の規定にかかわらず，教諭に代えて助教諭又は講師を置くことができる。
11　学校の実情に照らし必要があると認めるときは，第七項の規定にかかわらず，園長（副園長を置く幼稚園にあつては，園長及び副園長）及び教頭を助け，命を受けて園務の一部を整理し，並びに幼児の養護又は栄養の指導及び管理をつかさどる主幹教諭を置くことができる。

第28条　第37条第6項，第8項及び第12項から第17項まで並びに第42条から第44条までの規定は，幼稚園に準用する。

第4章　小学校

第29条　小学校は，心身の発達に応じて，義務教育として行われる普通教育のうち基礎的なものを施すことを目的とする。

第30条　小学校における教育は，前条に規定する目的を実現するために必要な程度において第21条各号に掲げる目標を達成するよう行われるものとする。
2　前項の場合においては，生涯にわたり学習する基盤が培われるよう，基礎的な知識及び技能を習得させるとともに，これらを活用して課題を解決するために必要な思考力，判断力，表現力その他の能力をはぐくみ，主体的に学習に取り組む態度を養うことに，特に意を用いなければならない。

第31条　小学校においては，前条第1項の規定による目標の達成に資するよう，教育指導を行うに当たり，児童の体験的な学習活動，特にボランティア活動など社会奉仕体験活動，自然体験活動その他の体験活動の充実に努めるものとする。この場合において，社会教育関係団体その他の関係団体及び関係機関との連携に十分配慮しなければならない。

第32条　小学校の修業年限は，6年とする。

第33条　小学校の教育課程に関する事項は，

第29条及び第30条の規定に従い，文部科学大臣が定める。

第34条　小学校においては，文部科学大臣の検定を経た教科用図書又は文部科学省が著作の名義を有する教科用図書を使用しなければならない。

2　前項に規定する教科用図書（以下この条において「教科用図書」という。）の内容を文部科学大臣の定めるところにより記録した電磁的記録（電子的方式，磁気的方式その他人の知覚によつては認識することができない方式で作られる記録であつて，電子計算機による情報処理の用に供されるものをいう。）である教材がある場合には，同項の規定にかかわらず，文部科学大臣の定めるところにより，児童の教育の充実を図るため必要があると認められる教育課程の一部において，教科用図書に代えて当該教材を使用することができる。

3　前項に規定する場合において，視覚障害，発達障害その他の文部科学大臣の定める事由により教科用図書を使用して学習することが困難な児童に対し，教科用図書に用いられた文字，図形等の拡大又は音声への変換その他の同項に規定する教材を電子計算機において用いることにより可能となる方法で指導することにより当該児童の学習上の困難の程度を低減させる必要があると認められるときは，文部科学大臣の定めるところにより，教育課程の全部又は一部において，教科用図書に代えて当該教材を使用することができる。

4　教科用図書及び第2項に規定する教材以外の教材で，有益適切なものは，これを使用することができる。

5　第1項の検定の申請に係る教科用図書に関し調査審議させるための審議会等（国家行政組織法（昭和23年法律第120号）第8条に規定する機関をいう。以下同じ。）については，政令で定める。

第35条　市町村の教育委員会は，次に掲げる行為の一又は二以上を繰り返し行う等性行不良であつて他の児童の教育に妨げがあると認める児童があるときは，その保護者に対して，児童の出席停止を命ずることができる。

一　他の児童に傷害，心身の苦痛又は財産上の損失を与える行為

二　職員に傷害又は心身の苦痛を与える行為

三　施設又は設備を損壊する行為

四　授業その他の教育活動の実施を妨げる行為

2　市町村の教育委員会は，前項の規定により出席停止を命ずる場合には，あらかじめ保護者の意見を聴取するとともに，理由及び期間を記載した文書を交付しなければならない。

3　前項に規定するもののほか，出席停止の命令の手続に関し必要な事項は，教育委員会規則で定めるものとする。

4　市町村の教育委員会は，出席停止の命令に係る児童の出席停止の期間における学習に対する支援その他の教育上必要な措置を講ずるものとする。

第36条　学齢に達しない子は，小学校に入学させることができない。

第37条　小学校には，校長，教頭，教諭，養護教諭及び事務職員を置かなければならない。

2　小学校には，前項に規定するもののほか，副校長，主幹教諭，指導教諭，栄養教諭その他必要な職員を置くことができる。

3　第一項の規定にかかわらず，副校長を置くときその他特別の事情のあるときは教頭を，養護をつかさどる主幹教諭を置くときは養護教諭を，特別の事情のあるときは事務職員を，それぞれ置かないことができる。

4　校長は，校務をつかさどり，所属職員を監督する。

5　副校長は，校長を助け，命を受けて校務をつかさどる。

6　副校長は，校長に事故があるときはその職務を代理し，校長が欠けたときはその職務を行う。この場合において，副校長が二人以上あるときは，あらかじめ校長が定めた順序で，その職務を代理し，又は行う。

7　教頭は，校長（副校長を置く小学校にあつては，校長及び副校長）を助け，校務を整理し，及び必要に応じ児童の教育をつかさどる。

8　教頭は，校長（副校長を置く小学校にあつては，校長及び副校長）に事故があるときは校長の職務を代理し，校長（副校長を置く小学校にあつては，校長及び副校長）が欠けたときは校長の職務を行う。この場合において，教頭が二人以上あるときは，あらかじめ校長が定めた順序で，校長の職務を代理し，又は行う。

9　主幹教諭は，校長（副校長を置く小学校

にあつては，校長及び副校長）及び教頭を助け，命を受けて校務の一部を整理し，並びに児童の教育をつかさどる。

10　指導教諭は，児童の教育をつかさどり，並びに教諭その他の職員に対して，教育指導の改善及び充実のために必要な指導及び助言を行う。

11　教諭は，児童の教育をつかさどる。

12　養護教諭は，児童の養護をつかさどる。

13　栄養教諭は，児童の栄養の指導及び管理をつかさどる。

14　事務職員は，事務をつかさどる。

15　助教諭は，教諭の職務を助ける。

16　講師は，教諭又は助教諭に準ずる職務に従事する。

17　養護助教諭は，養護教諭の職務を助ける。

18　特別の事情のあるときは，第一項の規定にかかわらず，教諭に代えて助教諭又は講師を，養護教諭に代えて養護助教諭を置くことができる。

19　学校の実情に照らし必要があると認めるときは，第9項の規定にかかわらず，校長（副校長を置く小学校にあつては，校長及び副校長）及び教頭を助け，命を受けて校務の一部を整理し，並びに児童の養護又は栄養の指導及び管理をつかさどる主幹教諭を置くことができる。

第38条　市町村は，その区域内にある学齢児童を就学させるに必要な小学校を設置しなければならない。ただし，教育上有益かつ適切であると認めるときは，義務教育学校の設置をもつてこれに代えることができる。

第39条　市町村は，適当と認めるときは，前条の規定による事務の全部又は一部を処理するため，市町村の組合を設けることができる。

第40条　市町村は，前2条の規定によることを不可能又は不適当と認めるときは，小学校又は義務教育学校の設置に代え，学齢児童の全部又は一部の教育事務を，他の市町村又は前条の市町村の組合に委託することができる。

2　前項の場合においては，地方自治法第252条の14第3項において準用する同法第252条の2の2第2項中「都道府県知事」とあるのは，「都道府県知事及び都道府県の教育委員会」と読み替えるものとする。

第41条　町村が，前2条の規定による負担に堪えないと都道府県の教育委員会が認めるときは，都道府県は，その町村に対して，必要な補助を与えなければならない。

第42条　小学校は，文部科学大臣の定めるところにより当該小学校の教育活動その他の学校運営の状況について評価を行い，その結果に基づき学校運営の改善を図るため必要な措置を講ずることにより，その教育水準の向上に努めなければならない。

第43条　小学校は，当該小学校に関する保護者及び地域住民その他の関係者の理解を深めるとともに，これらの者との連携及び協力の推進に資するため，当該小学校の教育活動その他の学校運営の状況に関する情報を積極的に提供するものとする。

第44条　私立の小学校は，都道府県知事の所管に属する。

《中略》

第8章　特別支援教育

第72条　特別支援学校は，視覚障害者，聴覚障害者，知的障害者，肢体不自由者又は病弱者（身体虚弱者を含む。以下同じ。）に対して，幼稚園，小学校，中学校又は高等学校に準ずる教育を施すとともに，障害による学習上又は生活上の困難を克服し自立を図るために必要な知識技能を授けることを目的とする。

第73条　特別支援学校においては，文部科学大臣の定めるところにより，前条に規定する者に対する教育のうち当該学校が行うものを明らかにするものとする。

第74条　特別支援学校においては，第72条に規定する目的を実現するための教育を行うほか，幼稚園，小学校，中学校，義務教育学校，高等学校又は中等教育学校の要請に応じて，第81条第1項に規定する幼児，児童又は生徒の教育に関し必要な助言又は援助を行うよう努めるものとする。

第75条　第72条に規定する視覚障害者，聴覚障害者，知的障害者，肢体不自由者又は病弱者の障害の程度は，政令で定める。

第76条　特別支援学校には，小学部及び中学部を置かなければならない。ただし，特別の必要のある場合においては，そのいずれかのみを置くことができる。

2　特別支援学校には，小学部及び中学部のほか，幼稚部又は高等部を置くことができ，また，特別の必要のある場合においては，前項の規定にかかわらず，小学部及び中学部を置かないで幼稚部又は高等部のみを置くことができる。

第 77 条　特別支援学校の幼稚部の教育課程その他の保育内容，小学部及び中学部の教育課程又は高等部の学科及び教育課程に関する事項は，幼稚園，小学校，中学校又は高等学校に準じて，文部科学大臣が定める。

第 78 条　特別支援学校には，寄宿舎を設けなければならない。ただし，特別の事情のあるときは，これを設けないことができる。

第 79 条　寄宿舎を設ける特別支援学校には，寄宿舎指導員を置かなければならない。

2　寄宿舎指導員は，寄宿舎における幼児，児童又は生徒の日常生活上の世話及び生活指導に従事する。

第 80 条　都道府県は，その区域内にある学齢児童及び学齢生徒のうち，視覚障害者，聴覚障害者，知的障害者，肢体不自由者又は病弱者で，その障害が第 75 条の政令で定める程度のものを就学させるに必要な特別支援学校を設置しなければならない。

第 81 条　幼稚園，小学校，中学校，義務教育学校，高等学校及び中等教育学校においては，次項各号のいずれかに該当する幼児，児童及び生徒その他教育上特別の支援を必要とする幼児，児童及び生徒に対し，文部科学大臣の定めるところにより，障害による学習上又は生活上の困難を克服するための教育を行うものとする。

2　小学校，中学校，義務教育学校，高等学校及び中等教育学校には，次の各号のいずれかに該当する児童及び生徒のために，特別支援学級を置くことができる。

一　知的障害者

二　肢体不自由者

三　身体虚弱者

四　弱視者

五　難聴者

六　その他障害のある者で，特別支援学級において教育を行うことが適当なもの

3　前項に規定する学校においては，疾病により療養中の児童及び生徒に対して，特別支援学級を設け，又は教員を派遣して，教育を行うことができる。

第 82 条　第 26 条，第 27 条，第 31 条（第 49 条及び第 62 条において読み替えて準用する場合を含む。），第 32 条，第 34 条（第 49 条及び第 62 条において準用する場合を含む。），第 36 条，第 37 条（第 28 条，第 49 条及び第 62 条において準用する場合を含む。），第 42 条から第 44 条まで，第 47 条及び第 56 条から第 60 条までの規定は特別支援学校に，第 84 条の規定は特別支援学校の高等部に，それぞれ準用する。

《以下略》

○地方教育行政の組織及び運営に関する法律（抄）

1956 年 6 月 30 日公布

第 1 章　総則

（この法律の趣旨）

第 1 条　この法律は，教育委員会の設置，学校その他の教育機関の職員の身分取扱その他地方公共団体における教育行政の組織及び運営の基本を定めることを目的とする。

（基本理念）

第 1 条の 2　地方公共団体における教育行政は，教育基本法（平成 18 年法律第 120 号）の趣旨にのっとり，教育の機会均等，教育水準の維持向上及び地域の実情に応じた教育の振興が図られるよう，国との適切な役割分担及び相互の協力の下，公正かつ適正に行われなければならない。

（大綱の策定等）

第 1 条の 3　地方公共団体の長は，教育基本法第 17 条第 1 項に規定する基本的な方針を参酌し，その地域の実情に応じ，当該地方公共団体の教育，学術及び文化の振興に関する総合的な施策の大綱（以下単に「大綱」という。）を定めるものとする。

2　地方公共団体の長は，大綱を定め，又はこれを変更しようとするときは，あらかじめ，次条第一項の総合教育会議において協議するものとする。

3　地方公共団体の長は，大綱を定め，又はこれを変更したときは，遅滞なく，これを公表しなければならない。

4　第 1 項の規定は，地方公共団体の長に対し，第 21 条に規定する事務を管理し，又は執行する権限を与えるものと解釈してはならない。

（総合教育会議）

第 1 条の 4　地方公共団体の長は，大綱の策定に関する協議及び次に掲げる事項についての協議並びにこれらに関する次項各号に掲げる構成員の事務の調整を行うため，総合教育会議を設

けるものとする。
一　教育を行うための諸条件の整備その他の地域の実情に応じた教育，学術及び文化の振興を図るため重点的に講ずべき施策
二　児童，生徒等の生命又は身体に現に被害が生じ，又はまさに被害が生ずるおそれがあると見込まれる場合等の緊急の場合に講ずべき措置
2　総合教育会議は，次に掲げる者をもつて構成する。
一　地方公共団体の長
二　教育委員会
3　総合教育会議は，地方公共団体の長が招集する。
4　教育委員会は，その権限に属する事務に関して協議する必要があると思料するときは，地方公共団体の長に対し，協議すべき具体的事項を示して，総合教育会議の招集を求めることができる。
5　総合教育会議は，第一項の協議を行うに当たつて必要があると認めるときは，関係者又は学識経験を有する者から，当該協議すべき事項に関して意見を聴くことができる。
6　総合教育会議は，公開する。ただし，個人の秘密を保つため必要があると認めるとき，又は会議の公正が害されるおそれがあると認めるときその他公益上必要があると認めるときは，この限りでない。
7　地方公共団体の長は，総合教育会議の終了後，遅滞なく，総合教育会議の定めるところにより，その議事録を作成し，これを公表するよう努めなければならない。
8　総合教育会議においてその構成員の事務の調整が行われた事項については，当該構成員は，その調整の結果を尊重しなければならない。
9　前各項に定めるもののほか，総合教育会議の運営に関し必要な事項は，総合教育会議が定める。

第2章　教育委員会の設置及び組織

第1節　教育委員会の設置，教育長及び委員並びに会議

（設置）
第2条　都道府県，市（特別区を含む。以下同じ。）町村及び第21条に規定する事務の全部又は一部を処理する地方公共団体の組合に教育委員会を置く。
（組織）
第3条　教育委員会は，教育長及び4人の委員をもつて組織する。ただし，条例で定めるところにより，都道府県若しくは市又は地方公共団体の組合のうち都道府県若しくは市が加入するものの教育委員会にあつては教育長及び5人以上の委員，町村又は地方公共団体の組合のうち町村のみが加入するものの教育委員会にあつては教育長及び2人以上の委員をもつて組織することができる。
（任命）
第4条　教育長は，当該地方公共団体の長の被選挙権を有する者で，人格が高潔で，教育行政に関し識見を有するもののうちから，地方公共団体の長が，議会の同意を得て，任命する。
2　委員は，当該地方公共団体の長の被選挙権を有する者で，人格が高潔で，教育，学術及び文化（以下単に「教育」という。）に関し識見を有するもののうちから，地方公共団体の長が，議会の同意を得て，任命する。
3　次の各号のいずれかに該当する者は，教育長又は委員となることができない。
一　破産手続開始の決定を受けて復権を得ない者
二　禁錮以上の刑に処せられた者
4　教育長及び委員の任命については，そのうち委員の定数に一を加えた数の2分の1以上の者が同一の政党に所属することとなつてはならない。
5　地方公共団体の長は，第2項の規定による委員の任命に当たつては，委員の年齢，性別，職業等に著しい偏りが生じないように配慮するとともに，委員のうちに保護者（親権を行う者及び未成年後見人をいう。第47条の5第2項第二号及び第5項において同じ。）である者が含まれるようにしなければならない。
（任期）
第5条　教育長の任期は3年とし，委員の任期は4年とする。ただし，補欠の教育長又は委員の任期は，前任者の残任期間とする。
2　教育長及び委員は，再任されることができる。
《中略》
（服務等）
第11条　教育長は，職務上知ることができた秘密を漏らしてはならない。その職を退いた後

も，また，同様とする。

2　教育長又は教育長であつた者が法令による証人，鑑定人等となり，職務上の秘密に属する事項を発表する場合においては，教育委員会の許可を受けなければならない。

3　前項の許可は，法律に特別の定めがある場合を除き，これを拒むことができない。

4　教育長は，常勤とする。

5　教育長は，法律又は条例に特別の定めがある場合を除くほか，その勤務時間及び職務上の注意力の全てをその職責遂行のために用い，当該地方公共団体がなすべき責を有する職務にのみ従事しなければならない。

6　教育長は，政党その他の政治的団体の役員となり，又は積極的に政治運動をしてはならない。

7　教育長は，教育委員会の許可を受けなければ，営利を目的とする私企業を営むことを目的とする会社その他の団体の役員その他人事委員会規則（人事委員会を置かない地方公共団体においては，地方公共団体の規則）で定める地位を兼ね，若しくは自ら営利を目的とする私企業を営み，又は報酬を得ていかなる事業若しくは事務にも従事してはならない。

8　教育長は，その職務の遂行に当たつては，自らが当該地方公共団体の教育行政の運営について負う重要な責任を自覚するとともに，第1条の2に規定する基本理念及び大綱に則して，かつ，児童，生徒等の教育を受ける権利の保障に万全を期して当該地方公共団体の教育行政の運営が行われるよう意を用いなければならない。

第12条　前条第1項から第3項まで，第6項及び第8項の規定は，委員の服務について準用する。

2　委員は，非常勤とする。

（教育長）

第13条　教育長は，教育委員会の会務を総理し，教育委員会を代表する。

2　教育長に事故があるとき，又は教育長が欠けたときは，あらかじめその指名する委員がその職務を行う。

（会議）

第14条　教育委員会の会議は，教育長が招集する。

2　教育長は，委員の定数の3分の1以上の委員から会議に付議すべき事件を示して会議の招集を請求された場合には，遅滞なく，これを招集しなければならない。

3　教育委員会は，教育長及び在任委員の過半数が出席しなければ，会議を開き，議決をすることができない。ただし，第6項の規定による除斥のため過半数に達しないとき，又は同一の事件につき再度招集しても，なお過半数に達しないときは，この限りでない。

4　教育委員会の会議の議事は，第7項ただし書の発議に係るものを除き，出席者の過半数で決し，可否同数のときは，教育長の決するところによる。

5　教育長に事故があり，又は教育長が欠けた場合の前項の規定の適用については，前条第2項の規定により教育長の職務を行う者は，教育長とみなす。

6　教育委員会の教育長及び委員は，自己，配偶者若しくは三親等以内の親族の一身上に関する事件又は自己若しくはこれらの者の従事する業務に直接の利害関係のある事件については，その議事に参与することができない。ただし，教育委員会の同意があるときは，会議に出席し，発言することができる。

7　教育委員会の会議は，公開する。ただし，人事に関する事件その他の事件について，教育長又は委員の発議により，出席者の3分の2以上の多数で議決したときは，これを公開しないことができる。

8　前項ただし書の教育長又は委員の発議は，討論を行わないでその可否を決しなければならない。

9　教育長は，教育委員会の会議の終了後，遅滞なく，教育委員会規則で定めるところにより，その議事録を作成し，これを公表するよう努めなければならない。

（教育委員会規則の制定等）

第15条　教育委員会は，法令又は条例に違反しない限りにおいて，その権限に属する事務に関し，教育委員会規則を制定することができる。

2　教育委員会規則その他教育委員会の定める規程で公表を要するものの公布に関し必要な事項は，教育委員会規則で定める。

（教育委員会の議事運営）

第16条　この法律に定めるもののほか，教育委員会の会議その他教育委員会の議事の運営に関し必要な事項は，教育委員会規則で定める。

第2節　事務局

（事務局）

第17条　教育委員会の権限に属する事務を処理させるため，教育委員会に事務局を置く。

2　教育委員会の事務局の内部組織は，教育委員会規則で定める。

（指導主事その他の職員）

第18条　都道府県に置かれる教育委員会（以下「都道府県委員会」という。）の事務局に，指導主事，事務職員及び技術職員を置くほか，所要の職員を置く。

2　市町村に置かれる教育委員会（以下「市町村委員会」という。）の事務局に，前項の規定に準じて指導主事その他の職員を置く。

3　指導主事は，上司の命を受け，学校（学校教育法（昭和22年法律第26号）第1条に規定する学校及び就学前の子どもに関する教育，保育等の総合的な提供の推進に関する法律（平成18年法律第77号）第2条第7項に規定する幼保連携型認定こども園（以下「幼保連携型認定こども園」という。）をいう。以下同じ。）における教育課程，学習指導その他学校教育に関する専門的事項の指導に関する事務に従事する。

4　指導主事は，教育に関し識見を有し，かつ，学校における教育課程，学習指導その他学校教育に関する専門的事項について教養と経験がある者でなければならない。指導主事は，大学以外の公立学校（地方公共団体が設置する学校をいう。以下同じ。）の教員（教育公務員特例法（昭和24年法律第1号）第2条第2項に規定する教員をいう。以下同じ。）をもつて充てることができる。

5　事務職員は，上司の命を受け，事務に従事する。

6　技術職員は，上司の命を受け，技術に従事する。

7　第一項及び第二項の職員は，教育委員会が任命する。

8　教育委員会は，事務局の職員のうち所掌事務に係る教育行政に関する相談に関する事務を行う職員を指定するものとする。

9　前各項に定めるもののほか，教育委員会の事務局に置かれる職員に関し必要な事項は，政令で定める。

《中略》

第3章　教育委員会及び地方公共団体の長の職務権限

（教育委員会の職務権限）

第21条　教育委員会は，当該地方公共団体が処理する教育に関する事務で，次に掲げるものを管理し，及び執行する。

一　教育委員会の所管に属する第30条に規定する学校その他の教育機関（以下「学校その他の教育機関」という。）の設置，管理及び廃止に関すること。

二　教育委員会の所管に属する学校その他の教育機関の用に供する財産（以下「教育財産」という。）の管理に関すること。

三　教育委員会及び教育委員会の所管に属する学校その他の教育機関の職員の任免その他の人事に関すること。

四　学齢生徒及び学齢児童の就学並びに生徒，児童及び幼児の入学，転学及び退学に関すること。

五　教育委員会の所管に属する学校の組織編制，教育課程，学習指導，生徒指導及び職業指導に関すること。

六　教科書その他の教材の取扱いに関すること。

七　校舎その他の施設及び教具その他の設備の整備に関すること。

八　校長，教員その他の教育関係職員の研修に関すること。

九　校長，教員その他の教育関係職員並びに生徒，児童及び幼児の保健，安全，厚生及び福利に関すること。

十　教育委員会の所管に属する学校その他の教育機関の環境衛生に関すること。

十一　学校給食に関すること。

十二　青少年教育，女性教育及び公民館の事業その他社会教育に関すること。

十三　スポーツに関すること。

十四　文化財の保護に関すること。

十五　ユネスコ活動に関すること。

十六　教育に関する法人に関すること。

十七　教育に係る調査及び基幹統計その他の統計に関すること。

十八　所掌事務に係る広報及び所掌事務に係る教育行政に関する相談に関すること。

十九　前各号に掲げるもののほか，当該地方公共団体の区域内における教育に関する事務に関すること。

（長の職務権限）
第22条　地方公共団体の長は，大綱の策定に関する事務のほか，次に掲げる教育に関する事務を管理し，及び執行する。
一　大学に関すること。
二　幼保連携型認定こども園に関すること。
三　私立学校に関すること。
四　教育財産を取得し，及び処分すること。
五　教育委員会の所掌に係る事項に関する契約を結ぶこと。
六　前号に掲げるもののほか，教育委員会の所掌に係る事項に関する予算を執行すること。
（職務権限の特例）
第23条　前2条の規定にかかわらず，地方公共団体は，前条各号に掲げるもののほか，条例の定めるところにより，当該地方公共団体の長が，次の各号に掲げる教育に関する事務のいずれか又は全てを管理し，及び執行することとすることができる。
一　図書館，博物館，公民館その他の社会教育に関する教育機関のうち当該条例で定めるもの（以下「特定社会教育機関」という。）の設置，管理及び廃止に関すること（第二十一条第七号から第九号まで及び第十二号に掲げる事務のうち，特定社会教育機関のみに係るものを含む。）。
二　スポーツに関すること（学校における体育に関することを除く。）。
三　文化に関すること（次号に掲げるものを除く。）。
四　文化財の保護に関すること。
2　地方公共団体の議会は，前項の条例の制定又は改廃の議決をする前に，当該地方公共団体の教育委員会の意見を聴かなければならない。
（事務処理の法令準拠）
第24条　教育委員会及び地方公共団体の長は，それぞれ前3条の事務を管理し，及び執行するに当たつては，法令，条例，地方公共団体の規則並びに地方公共団体の機関の定める規則及び規程に基づかなければならない。
（事務の委任等）
第25条　教育委員会は，教育委員会規則で定めるところにより，その権限に属する事務の一部を教育長に委任し，又は教育長をして臨時に代理させることができる。
2　前項の規定にかかわらず，次に掲げる事務は，教育長に委任することができない。
一　教育に関する事務の管理及び執行の基本的な方針に関すること。
二　教育委員会規則その他教育委員会の定める規程の制定又は改廃に関すること。
三　教育委員会の所管に属する学校その他の教育機関の設置及び廃止に関すること。
四　教育委員会及び教育委員会の所管に属する学校その他の教育機関の職員の任免その他の人事に関すること。
五　次条の規定による点検及び評価に関すること。
六　第27条及び第29条に規定する意見の申出に関すること。
3　教育長は，教育委員会規則で定めるところにより，第1項の規定により委任された事務又は臨時に代理した事務の管理及び執行の状況を教育委員会に報告しなければならない。
4　教育長は，第1項の規定により委任された事務その他その権限に属する事務の一部を事務局の職員若しくは教育委員会の所管に属する学校その他の教育機関の職員（以下この項及び次条第1項において「事務局職員等」という。）に委任し，又は事務局職員等をして臨時に代理させることができる。
（教育に関する事務の管理及び執行の状況の点検及び評価等）
第26条　教育委員会は，毎年，その権限に属する事務（前条第一項の規定により教育長に委任された事務その他教育長の権限に属する事務（同条第四項の規定により事務局職員等に委任された事務を含む。）を含む。）の管理及び執行の状況について点検及び評価を行い，その結果に関する報告書を作成し，これを議会に提出するとともに，公表しなければならない。
2　教育委員会は，前項の点検及び評価を行うに当たつては，教育に関し学識経験を有する者の知見の活用を図るものとする。
（幼保連携型認定こども園に関する意見聴取）
第27条　地方公共団体の長は，当該地方公共団体が設置する幼保連携型認定こども園に関する事務のうち，幼保連携型認定こども園における教育課程に関する基本的事項の策定その他の当該地方公共団体の教育委員会の権限に属する事務と密接な関連を有するものとして当該地方公共団体の規則で定めるものの実施に当たつては，当該教育委員会の意見を聴かなければならない。

2　地方公共団体の長は，前項の規則を制定し，又は改廃しようとするときは，あらかじめ，当該地方公共団体の教育委員会の意見を聴かなければならない。

（幼保連携型認定こども園に関する意見の陳述）

第27条の2　教育委員会は，当該地方公共団体が設置する幼保連携型認定こども園に関する事務の管理及び執行について，その職務に関して必要と認めるときは，当該地方公共団体の長に対し，意見を述べることができる。

（幼保連携型認定こども園に関する資料の提供等）

第27条の3　教育委員会は，前2条の規定による権限を行うため必要があるときは，当該地方公共団体の長に対し，必要な資料の提供その他の協力を求めることができる。

（幼保連携型認定こども園に関する事務に係る教育委員会の助言又は援助）

第27条の4　地方公共団体の長は，第22条第2号に掲げる幼保連携型認定こども園に関する事務を管理し，及び執行するに当たり，必要と認めるときは，当該地方公共団体の教育委員会に対し，学校教育に関する専門的事項について助言又は援助を求めることができる。

（私立学校に関する事務に係る都道府県委員会の助言又は援助）

第27条の5　都道府県知事は，第22条第三号に掲げる私立学校に関する事務を管理し，及び執行するに当たり，必要と認めるときは，当該都道府県委員会に対し，学校教育に関する専門的事項について助言又は援助を求めることができる。

（教育財産の管理等）

第28条　教育財産は，地方公共団体の長の総括の下に，教育委員会が管理するものとする。

2　地方公共団体の長は，教育委員会の申出をまつて，教育財産の取得を行うものとする。

3　地方公共団体の長は，教育財産を取得したときは，すみやかに教育委員会に引き継がなければならない。

（教育委員会の意見聴取）

第29条　地方公共団体の長は，歳入歳出予算のうち教育に関する事務に係る部分その他特に教育に関する事務について定める議会の議決を経るべき事件の議案を作成する場合においては，教育委員会の意見をきかなければならない。

第4章　教育機関

第1節　通則

（教育機関の設置）

第30条　地方公共団体は，法律で定めるところにより，学校，図書館，博物館，公民館その他の教育機関を設置するほか，条例で，教育に関する専門的，技術的事項の研究又は教育関係職員の研修，保健若しくは福利厚生に関する施設その他の必要な教育機関を設置することができる。

（教育機関の職員）

第31条　前条に規定する学校に，法律で定めるところにより，学長，校長，園長，教員，事務職員，技術職員その他の所要の職員を置く。

2　前条に規定する学校以外の教育機関に，法律又は条例で定めるところにより，事務職員，技術職員その他の所要の職員を置く。

3　前2項に規定する職員の定数は，この法律に特別の定がある場合を除き，当該地方公共団体の条例で定めなければならない。ただし，臨時又は非常勤の職員については，この限りでない。

（教育機関の所管）

第32条　学校その他の教育機関のうち，大学及び幼保連携型認定こども園は地方公共団体の長が，その他のものは教育委員会が所管する。ただし，特定社会教育機関並びに第23条第1項第二号から第四号までに掲げる事務のうち同項の条例の定めるところにより地方公共団体の長が管理し，及び執行することとされたもののみに係る教育機関は，地方公共団体の長が所管する。

（学校等の管理）

第33条　教育委員会は，法令又は条例に違反しない限りにおいて，その所管に属する学校その他の教育機関の施設，設備，組織編制，教育課程，教材の取扱いその他の管理運営の基本的事項について，必要な教育委員会規則を定めるものとする。この場合において，当該教育委員会規則で定めようとする事項のうち，その実施のためには新たに予算を伴うこととなるものについては，教育委員会は，あらかじめ当該地方公共団体の長に協議しなければならない。

2　前項の場合において，教育委員会は，学校における教科書以外の教材の使用について，あらかじめ，教育委員会に届け出させ，又は教育委員会の承認を受けさせることとする定めを設けるものとする。

3　第23条第1項の条例の定めるところにより同項第一号に掲げる事務を管理し，及び執行することとされた地方公共団体の長は，法令又は条例に違反しない限りにおいて，特定社会教育機関の施設，設備，組織編制その他の管理運営の基本的事項について，必要な地方公共団体の規則を定めるものとする。この場合において，当該規則で定めようとする事項については，当該地方公共団体の長は，あらかじめ当該地方公共団体の教育委員会に協議しなければならない。

（教育機関の職員の任命）

第34条　教育委員会の所管に属する学校その他の教育機関の校長，園長，教員，事務職員，技術職員その他の職員は，この法律に特別の定めがある場合を除き，教育委員会が任命する。

（職員の身分取扱い）

第35条　第31条第1項又は第2項に規定する職員の任免，人事評価，給与，懲戒，服務，退職管理その他の身分取扱いに関する事項は，この法律及び他の法律に特別の定めがある場合を除き，地方公務員法の定めるところによる。

（所属職員の進退に関する意見の申出）

第36条　学校その他の教育機関の長は，この法律及び教育公務員特例法に特別の定がある場合を除き，その所属の職員の任免その他の進退に関する意見を任命権者に対して申し出ることができる。この場合において，大学附置の学校の校長にあつては，学長を経由するものとする。

第2節　市町村立学校の教職員

（任命権者）

第37条　市町村立学校職員給与負担法（昭和23年法律第135号）第1条及び第2条に規定する職員（以下「県費負担教職員」という。）の任命権は，都道府県委員会に属する。

2　前項の都道府県委員会の権限に属する事務に係る第25条第2項の規定の適用については，同項第四号中「職員」とあるのは，「職員並びに第37条第1項に規定する県費負担教職員」とする。

（市町村委員会の内申）

第38条　都道府県委員会は，市町村委員会の内申をまつて，県費負担教職員の任免その他の進退を行うものとする。

2　前項の規定にかかわらず，都道府県委員会は，同項の内申が県費負担教職員の転任（地方自治法第252条の7第1項の規定により教育委員会を共同設置する一の市町村の県費負担教職員を免職し，引き続いて当該教育委員会を共同設置する他の市町村の県費負担教職員に採用する場合を含む。以下この項において同じ。）に係るものであるときは，当該内申に基づき，その転任を行うものとする。ただし，次の各号のいずれかに該当するときは，この限りでない。

一　都道府県内の教職員の適正な配置と円滑な交流の観点から，一の市町村（地方自治法第252条の7第1項の規定により教育委員会を共同設置する場合における当該教育委員会を共同設置する他の市町村を含む。以下この号において同じ。）における県費負担教職員の標準的な在職期間その他の都道府県委員会が定める県費負担教職員の任用に関する基準に従い，一の市町村の県費負担教職員を免職し，引き続いて当該都道府県内の他の市町村の県費負担教職員に採用する必要がある場合

二　前号に掲げる場合のほか，やむを得ない事情により当該内申に係る転任を行うことが困難である場合

3　市町村委員会は，次条の規定による校長の意見の申出があつた県費負担教職員について第1項又は前項の内申を行うときは，当該校長の意見を付するものとする。

（校長の所属教職員の進退に関する意見の申出）

第39条　市町村立学校職員給与負担法第1条及び第2条に規定する学校の校長は，所属の県費負担教職員の任免その他の進退に関する意見を市町村委員会に申し出ることができる。

（県費負担教職員の任用等）

第40条　第37条の場合において，都道府県委員会（この条に掲げる一の市町村に係る県費負担教職員の免職に関する事務を行う者及びこの条に掲げる他の市町村に係る県費負担教職員の採用に関する事務を行う者の一方又は双方が第55条第1項又は第61条第1項の規定により当該事務を行うこととされた市町村委員会である場合にあつては，当該一の市町村に係る県費負担教職員の免職に関する事務を行う教育委員会及び当該他の市町村に係る県費負担教職員の採

用に関する事務を行う教育委員会）は，地方公務員法第27条第2項及び第28条第1項の規定にかかわらず，一の市町村の県費負担教職員を免職し，引き続いて当該都道府県内の他の市町村の県費負担教職員に採用することができるものとする。この場合において，当該県費負担教職員が当該免職された市町村において同法第22条（同法第22条の2第7項及び教育公務員特例法第12条第1項の規定において読み替えて適用する場合を含む。）の規定により正式任用になつていた者であるときは，当該県費負担教職員の当該他の市町村における採用については，地方公務員法第22条の規定は，適用しない。

（県費負担教職員の定数）

第41条　県費負担教職員の定数は，都道府県の条例で定める。ただし，臨時又は非常勤の職員については，この限りでない。

2　県費負担教職員の市町村別の学校の種類ごとの定数は，前項の規定により定められた定数の範囲内で，都道府県委員会が，当該市町村における児童又は生徒の実態，当該市町村が設置する学校の学級編制に係る事情等を総合的に勘案して定める。

3　前項の場合において，都道府県委員会は，あらかじめ，市町村委員会の意見を聴き，その意見を十分に尊重しなければならない。

（県費負担教職員の給与，勤務時間その他の勤務条件）

第42条　県費負担教職員の給与，勤務時間その他の勤務条件については，地方公務員法第24条第5項の規定により条例で定めるものとされている事項は，都道府県の条例で定める。

（服務の監督）

第43条　市町村委員会は，県費負担教職員の服務を監督する。

2　県費負担教職員は，その職務を遂行するに当つて，法令，当該市町村の条例及び規則並びに当該市町村委員会の定める教育委員会規則及び規程（前条又は次項の規定によつて都道府県が制定する条例を含む。）に従い，かつ，市町村委員会その他職務上の上司の職務上の命令に忠実に従わなければならない。

3　県費負担教職員の任免，分限又は懲戒に関して，地方公務員法の規定により条例で定めるものとされている事項は，都道府県の条例で定める。

4　都道府県委員会は，県費負担教職員の任免その他の進退を適切に行うため，市町村委員会の行う県費負担教職員の服務の監督又は前条若しくは前項の規定により都道府県が制定する条例の実施について，技術的な基準を設けることができる。

（人事評価）

第44条　県費負担教職員の人事評価は，地方公務員法第23条の2第1項の規定にかかわらず，都道府県委員会の計画の下に，市町村委員会が行うものとする。

（研修）

第45条　県費負担教職員の研修は，地方公務員法第39条第2項の規定にかかわらず，市町村委員会も行うことができる。

2　市町村委員会は，都道府県委員会が行う県費負担教職員の研修に協力しなければならない。

《中略》

（県費負担教職員の免職及び都道府県の職への採用）

第47条の2　都道府県委員会は，地方公務員法第27条第2項及び第28条第1項の規定にかかわらず，その任命に係る市町村の県費負担教職員（教諭，養護教諭，栄養教諭，助教諭及び養護助教諭（同法第28条の4第1項又は第28条の5第1項の規定により採用された者（以下この項において「再任用職員」という。）を除く。）並びに講師（再任用職員及び同法第22条の2第1項各号に掲げる者を除く。）に限る。）で次の各号のいずれにも該当するもの（同法第28条第1項各号又は第2項各号のいずれかに該当する者を除く。）を免職し，引き続いて当該都道府県の常時勤務を要する職（指導主事並びに校長，園長及び教員の職を除く。）に採用することができる。

一　児童又は生徒に対する指導が不適切であること。

二　研修等必要な措置が講じられたとしてもなお児童又は生徒に対する指導を適切に行うことができないと認められること。

2　事実の確認の方法その他前項の県費負担教職員が同項各号に該当するかどうかを判断するための手続に関し必要な事項は，都道府県の教育委員会規則で定めるものとする。

3　都道府県委員会は，第1項の規定による採用に当たつては，公務の能率的な運営を確保する見地から，同項の県費負担教職員の適性，知識等について十分に考慮するものとする。

4　第40条後段の規定は，第1項の場合について準用する。この場合において，同条後段中「当該他の市町村」とあるのは，「当該都道府県」と読み替えるものとする。

《中略》

第4節　学校運営協議会

第47条の5　教育委員会は，教育委員会規則で定めるところにより，その所管に属する学校ごとに，当該学校の運営及び当該運営への必要な支援に関して協議する機関として，学校運営協議会を置くように努めなければならない。ただし，二以上の学校の運営に関し相互に密接な連携を図る必要がある場合として文部科学省令で定める場合には，二以上の学校について一の学校運営協議会を置くことができる。

2　学校運営協議会の委員は，次に掲げる者について，教育委員会が任命する。

一　対象学校（当該学校運営協議会が，その運営及び当該運営への必要な支援に関して協議する学校をいう。以下この条において同じ。）の所在する地域の住民

二　対象学校に在籍する生徒，児童又は幼児の保護者

三　社会教育法（昭和24年法律第207号）第9条の7第1項に規定する地域学校協働活動推進員その他の対象学校の運営に資する活動を行う者

四　その他当該教育委員会が必要と認める者

3　対象学校の校長は，前項の委員の任命に関する意見を教育委員会に申し出ることができる。

4　対象学校の校長は，当該対象学校の運営に関して，教育課程の編成その他教育委員会規則で定める事項について基本的な方針を作成し，当該対象学校の学校運営協議会の承認を得なければならない。

5　学校運営協議会は，前項に規定する基本的な方針に基づく対象学校の運営及び当該運営への必要な支援に関し，対象学校の所在する地域の住民，対象学校に在籍する生徒，児童又は幼児の保護者その他の関係者の理解を深めるとともに，対象学校とこれらの者との連携及び協力の推進に資するため，対象学校の運営及び当該運営への必要な支援に関する協議の結果に関する情報を積極的に提供するよう努めるものとする。

6　学校運営協議会は，対象学校の運営に関する事項（次項に規定する事項を除く。）について，教育委員会又は校長に対して，意見を述べることができる。

7　学校運営協議会は，対象学校の職員の採用その他の任用に関して教育委員会規則で定める事項について，当該職員の任命権者に対して意見を述べることができる。この場合において，当該職員が県費負担教職員（第五55条第1項又は第61条第1項の規定により市町村委員会がその任用に関する事務を行う職員を除く。）であるときは，市町村委員会を経由するものとする。

8　対象学校の職員の任命権者は，当該職員の任用に当たつては，前項の規定により述べられた意見を尊重するものとする。

9　教育委員会は，学校運営協議会の運営が適正を欠くことにより，対象学校の運営に現に支障が生じ，又は生ずるおそれがあると認められる場合においては，当該学校運営協議会の適正な運営を確保するために必要な措置を講じなければならない。

10　学校運営協議会の委員の任免の手続及び任期，学校運営協議会の議事の手続その他学校運営協議会の運営に関し必要な事項については，教育委員会規則で定める。

第5章　文部科学大臣及び教育委員会相互間の関係等

（文部科学大臣又は都道府県委員会の指導，助言及び援助）

第48条　地方自治法第245条の4第1項の規定によるほか，文部科学大臣は都道府県又は市町村に対し，都道府県委員会は市町村に対し，都道府県又は市町村の教育に関する事務の適正な処理を図るため，必要な指導，助言又は援助を行うことができる。

2　前項の指導，助言又は援助を例示すると，おおむね次のとおりである。

一　学校その他の教育機関の設置及び管理並びに整備に関し，指導及び助言を与えること。

二　学校の組織編制，教育課程，学習指導，生徒指導，職業指導，教科書その他の教材の取扱いその他学校運営に関し，指導及び助言を与

えること。
三　学校における保健及び安全並びに学校給食に関し，指導及び助言を与えること。
四　教育委員会の委員及び校長，教員その他の教育関係職員の研究集会，講習会その他研修に関し，指導及び助言を与え，又はこれらを主催すること。
五　生徒及び児童の就学に関する事務に関し，指導及び助言を与えること。
六　青少年教育，女性教育及び公民館の事業その他社会教育の振興並びに芸術の普及及び向上に関し，指導及び助言を与えること。
七　スポーツの振興に関し，指導及び助言を与えること。
八　指導主事，社会教育主事その他の職員を派遣すること。
九　教育及び教育行政に関する資料，手引書等を作成し，利用に供すること。
十　教育に係る調査及び統計並びに広報及び教育行政に関する相談に関し，指導及び助言を与えること。
十一　教育委員会の組織及び運営に関し，指導及び助言を与えること。
3　文部科学大臣は，都道府県委員会に対し，第一項の規定による市町村に対する指導，助言又は援助に関し，必要な指示をすることができる。
4　地方自治法第245条の4第3項の規定によるほか，都道府県知事又は都道府県委員会は文部科学大臣に対し，市町村長又は市町村委員会は文部科学大臣又は都道府県委員会に対し，教育に関する事務の処理について必要な指導，助言又は援助を求めることができる。
（是正の要求の方式）
第49条　文部科学大臣は，都道府県委員会又は市町村委員会の教育に関する事務の管理及び執行が法令の規定に違反するものがある場合又は当該事務の管理及び執行を怠るものがある場合において，児童，生徒等の教育を受ける機会が妨げられていることその他の教育を受ける権利が侵害されていることが明らかであるとして地方自治法第245条の5第1項若しくは第4項の規定による求め又は同条第2項の指示を行うときは，当該教育委員会が講ずべき措置の内容を示して行うものとする。
（文部科学大臣の指示）
第50条　文部科学大臣は，都道府県委員会又は市町村委員会の教育に関する事務の管理及び執行が法令の規定に違反するものがある場合又は当該事務の管理及び執行を怠るものがある場合において，児童，生徒等の生命又は身体に現に被害が生じ，又はまさに被害が生ずるおそれがあると見込まれ，その被害の拡大又は発生を防止するため，緊急の必要があるときは，当該教育委員会に対し，当該違反を是正し，又は当該怠る事務の管理及び執行を改めるべきことを指示することができる。ただし，他の措置によつては，その是正を図ることが困難である場合に限る。
（文部科学大臣の通知）
第50条の2　文部科学大臣は，第49条に規定する求め若しくは指示又は前条の規定による指示を行つたときは，遅滞なく，当該地方公共団体（第49条に規定する指示を行つたときにあつては，当該指示に係る市町村）の長及び議会に対して，その旨を通知するものとする。
（文部科学大臣及び教育委員会相互間の関係）
第51条　文部科学大臣は都道府県委員会又は市町村委員会相互の間の，都道府県委員会は市町村委員会相互の間の連絡調整を図り，並びに教育委員会は，相互の間の連絡を密にし，及び文部科学大臣又は他の教育委員会と協力し，教職員の適正な配置と円滑な交流及び教職員の勤務能率の増進を図り，もつてそれぞれその所掌する教育に関する事務の適正な執行と管理に努めなければならない。
第52条　削除
（調査）
第53条　文部科学大臣又は都道府県委員会は，第48条第1項及び第51条の規定による権限を行うため必要があるときは，地方公共団体の長又は教育委員会が管理し，及び執行する教育に関する事務について，必要な調査を行うことができる。
2　文部科学大臣は，前項の調査に関し，都道府県委員会に対し，市町村長又は市町村委員会が管理し，及び執行する教育に関する事務について，その特に指定する事項の調査を行うよう指示をすることができる。
（資料及び報告）
第54条　教育行政機関は，的確な調査，統計その他の資料に基いて，その所掌する事務の適切かつ合理的な処理に努めなければならない。

2　文部科学大臣は地方公共団体の長又は教育委員会に対し，都道府県委員会は市町村長又は市町村委員会に対し，それぞれ都道府県又は市町村の区域内の教育に関する事務に関し，必要な調査，統計その他の資料又は報告の提出を求めることができる。

《中略》

（中核市に関する特例）

第 59 条　地方自治法第 252 条の 22 第 1 項の中核市（以下「中核市」という。）の県費負担教職員の研修は，第 45 条並びに教育公務員特例法第 21 条第 2 項，第 22 条の 4，第 23 条第 1 項，第 24 条第 1 項及び第 25 条の規定にかかわらず，当該中核市の教育委員会が行う。

《以下　略》

○教育公務員特例法（抄）

1949 年 1 月 12 日公布

第 1 章　総則

（この法律の趣旨）

第 1 条　この法律は，教育を通じて国民全体に奉仕する教育公務員の職務とその責任の特殊性に基づき，教育公務員の任免，人事評価，給与，分限，懲戒，服務及び研修等について規定する。

（定義）

第 2 条　この法律において「教育公務員」とは，地方公務員のうち，学校（学校教育法（昭和 22 年法律第 26 号）第 1 条に規定する学校及び就学前の子どもに関する教育，保育等の総合的な提供の推進に関する法律（平成 18 年法律第 77 号）第 2 条第 7 項に規定する幼保連携型認定こども園（以下「幼保連携型認定こども園」という。）をいう。以下同じ。）であつて地方公共団体が設置するもの（以下「公立学校」という。）の学長，校長（園長を含む。以下同じ。），教員及び部局長並びに教育委員会の専門的教育職員をいう。

2　この法律において「教員」とは，公立学校の教授，准教授，助教，副校長（副園長を含む。以下同じ。），教頭，主幹教諭（幼保連携型認定こども園の主幹養護教諭及び主幹栄養教諭を含む。以下同じ。），指導教諭，教諭，助教諭，養護教諭，養護助教諭，栄養教諭，主幹保育教諭，指導保育教諭，保育教諭，助保育教諭及び講師をいう。

3　この法律で「部局長」とは，大学（公立学校であるものに限る。第 26 条第 1 項を除き，以下同じ。）の副学長，学部長その他政令で指定する部局の長をいう。

4　この法律で「評議会」とは，大学に置かれる会議であつて当該大学を設置する地方公共団体の定めるところにより学長，学部長その他の者で構成するものをいう。

5　この法律で「専門的教育職員」とは，指導主事及び社会教育主事をいう。

《中略》

第 2 章　任免，人事評価，給与，分限及び懲戒

第 2 節　大学以外の公立学校の校長及び教員

（採用及び昇任の方法）

第 11 条　公立学校の校長の採用（現に校長の職以外の職に任命されている者を校長の職に任命する場合を含む。）並びに教員の採用（現に教員の職以外の職に任命されている者を教員の職に任命する場合を含む。以下この条において同じ。）及び昇任（採用に該当するものを除く。）は，選考によるものとし，その選考は，大学附置の学校にあつては当該大学の学長が，大学附置の学校以外の公立学校（幼保連携型認定こども園を除く。）にあつてはその校長及び教員の任命権者である教育委員会の教育長が，大学附置の学校以外の公立学校（幼保連携型認定こども園に限る。）にあつてはその校長及び教員の任命権者である地方公共団体の長が行う。

（条件付任用）

第 12 条　公立の小学校，中学校，義務教育学校，高等学校，中等教育学校，特別支援学校，幼稚園及び幼保連携型認定こども園（以下「小学校等」という。）の教諭，助教諭，保育教諭，助保育教諭及び講師（以下「教諭等」という。）に係る地方公務員法第 22 条に規定する採用については，同条中「6 月」とあるのは「1 年」として同条の規定を適用する。

2　地方教育行政の組織及び運営に関する法律（昭和 31 年法律第 162 号）第 40 条に定める場合のほか，公立の小学校等の校長又は教員で地方公務員法第 22 条（同法第 22 条の 2 第 7 項及び前項の規定において読み替えて適用する場合を含む。）の規定により正式任用になつている者が，引き続き同一都道府県内の公立の小学校等の校長又は教員に任用された場合には，その任用については，同法第 22 条の規定は適用しない。
(校長及び教員の給与)
第 13 条　公立の小学校等の校長及び教員の給与は，これらの者の職務と責任の特殊性に基づき条例で定めるものとする。
2　前項に規定する給与のうち地方自治法(昭和 22 年法律第 67 号) 第 204 条第 2 項の規定により支給することができる義務教育等教員特別手当は，これらの者のうち次に掲げるものを対象とするものとし，その内容は，条例で定める。
一　公立の小学校，中学校，義務教育学校，中等教育学校の前期課程又は特別支援学校の小学部若しくは中学部に勤務する校長及び教員
二　前号に規定する校長及び教員との権衡上必要があると認められる公立の高等学校，中等教育学校の後期課程，特別支援学校の高等部若しくは幼稚部，幼稚園又は幼保連携型認定こども園に勤務する校長及び教員
(休職の期間及び効果)
第 14 条　公立学校の校長及び教員の休職の期間は，結核性疾患のため長期の休養を要する場合の休職においては，満 2 年とする。ただし，任命権者は，特に必要があると認めるときは，予算の範囲内において，その休職の期間を満 3 年まで延長することができる。
2　前項の規定による休職者には，その休職の期間中，給与の全額を支給する。
《中略》
第 4 章　研修
(研修)
第 21 条　教育公務員は，その職責を遂行するために，絶えず研究と修養に努めなければならない。
2　教育公務員の任命権者は，教育公務員(公立の小学校等の校長及び教員(臨時的に任用された者その他の政令で定める者を除く。以下この章において同じ。) を除く。) の研修について，それに要する施設，研修を奨励するための方途その他研修に関する計画を樹立し，その実施に努めなければならない。
(研修の機会)
第 22 条　教育公務員には，研修を受ける機会が与えられなければならない。
2　教員は，授業に支障のない限り，本属長の承認を受けて，勤務場所を離れて研修を行うことができる。
3　教育公務員は，任命権者の定めるところにより，現職のままで，長期にわたる研修を受けることができる。
(校長及び教員としての資質の向上に関する指標の策定に関する指針)
第 22 条の 2　文部科学大臣は，公立の小学校等の校長及び教員の計画的かつ効果的な資質の向上を図るため，次条第一項に規定する指標の策定に関する指針（以下「指針」という。）を定めなければならない。
2　指針においては，次に掲げる事項を定めるものとする。
一　公立の小学校等の校長及び教員の資質の向上に関する基本的な事項
二　次条第一項に規定する指標の内容に関する事項
三　その他公立の小学校等の校長及び教員の資質の向上を図るに際し配慮すべき事項
3　文部科学大臣は，指針を定め，又はこれを変更したときは，遅滞なく，これを公表しなければならない。
(校長及び教員としての資質の向上に関する指標)
第 22 条の 3　公立の小学校等の校長及び教員の任命権者は，指針を参酌し，その地域の実情に応じ，当該校長及び教員の職責，経験及び適性に応じて向上を図るべき校長及び教員としての資質に関する指標（以下「指標」という。）を定めるものとする。
2　公立の小学校等の校長及び教員の任命権者は，指標を定め，又はこれを変更しようとするときは，あらかじめ第 22 条の 5 第 1 項に規定する協議会において協議するものとする。
3　公立の小学校等の校長及び教員の任命権者は，指標を定め，又はこれを変更したときは，遅滞なく，これを公表するよう努めるものとする。
4　独立行政法人教職員支援機構は，指標を策定する者に対して，当該指標の策定に関する専門的な助言を行うものとする。
(教員研修計画)
第 22 条の 4　公立の小学校等の校長及び教員の任命権者は，指標を踏まえ，当該校長及び教員の研修について，毎年度，体系的かつ効果的に実施するための計画（以下この条において「教員研修計画」という。）を定めるものとする。

2　教員研修計画においては，おおむね次に掲げる事項を定めるものとする。

一　任命権者が実施する第23条第1項に規定する初任者研修，第24条第1項に規定する中堅教諭等資質向上研修その他の研修（以下この項において「任命権者実施研修」という。）に関する基本的な方針

二　任命権者実施研修の体系に関する事項

三　任命権者実施研修の時期，方法及び施設に関する事項

四　研修を奨励するための方途に関する事項

五　前各号に掲げるもののほか，研修の実施に関し必要な事項として文部科学省令で定める事項

3　公立の小学校等の校長及び教員の任命権者は，教員研修計画を定め，又はこれを変更したときは，遅滞なく，これを公表するよう努めるものとする。

（協議会）

第22条の5　公立の小学校等の校長及び教員の任命権者は，指標の策定に関する協議並びに当該指標に基づく当該校長及び教員の資質の向上に関して必要な事項についての協議を行うための協議会（以下「協議会」という。）を組織するものとする。

2　協議会は，次に掲げる者をもつて構成する。

一　指標を策定する任命権者

二　公立の小学校等の校長及び教員の研修に協力する大学その他の当該校長及び教員の資質の向上に関係する大学として文部科学省令で定める者

三　その他当該任命権者が必要と認める者

3　協議会において協議が調つた事項については，協議会の構成員は，その協議の結果を尊重しなければならない。

4　前3項に定めるもののほか，協議会の運営に関し必要な事項は，協議会が定める。

（初任者研修）

第23条　公立の小学校等の教諭等の任命権者は，当該教諭等（臨時的に任用された者その他の政令で定める者を除く。）に対して，その採用（現に教諭等の職以外の職に任命されている者を教諭等の職に任命する場合を含む。附則第5条第1項において同じ。）の日から1年間の教諭又は保育教諭の職務の遂行に必要な事項に関する実践的な研修（以下「初任者研修」という。）を実施しなければならない。

2　任命権者は，初任者研修を受ける者（次項において「初任者」という。）の所属する学校の副校長，教頭，主幹教諭（養護又は栄養の指導及び管理をつかさどる主幹教諭を除く。），指導教諭，教諭，主幹保育教諭，指導保育教諭，保育教諭又は講師のうちから，指導教員を命じるものとする。

3　指導教員は，初任者に対して教諭又は保育教諭の職務の遂行に必要な事項について指導及び助言を行うものとする。

（中堅教諭等資質向上研修）

第24条　公立の小学校等の教諭等（臨時的に任用された者その他の政令で定める者を除く。以下この項において同じ。）の任命権者は，当該教諭等に対して，個々の能力，適性等に応じて，公立の小学校等における教育に関し相当の経験を有し，その教育活動その他の学校運営の円滑かつ効果的な実施において中核的な役割を果たすことが期待される中堅教諭等としての職務を遂行する上で必要とされる資質の向上を図るために必要な事項に関する研修（以下「中堅教諭等資質向上研修」という。）を実施しなければならない。

2　任命権者は，中堅教諭等資質向上研修を実施するに当たり，中堅教諭等資質向上研修を受ける者の能力，適性等について評価を行い，その結果に基づき，当該者ごとに中堅教諭等資質向上研修に関する計画書を作成しなければならない。

（指導改善研修）

第25条　公立の小学校等の教諭等の任命権者は，児童，生徒又は幼児（以下「児童等」という。）に対する指導が不適切であると認定した教諭等に対して，その能力，適性等に応じて，当該指導の改善を図るために必要な事項に関する研修（以下「指導改善研修」という。）を実施しなければならない。

2　指導改善研修の期間は，1年を超えてはならない。ただし，特に必要があると認めるときは，任命権者は，指導改善研修を開始した日から引き続き2年を超えない範囲内で，これを延長することができる。

3　任命権者は，指導改善研修を実施するに当たり，指導改善研修を受ける者の能力，適性

等に応じて，その者ごとに指導改善研修に関する計画書を作成しなければならない。

4　任命権者は，指導改善研修の終了時において，指導改善研修を受けた者の児童等に対する指導の改善の程度に関する認定を行わなければならない。

5　任命権者は，第1項及び前項の認定に当たつては，教育委員会規則（幼保連携型認定こども園にあつては，地方公共団体の規則。次項において同じ。）で定めるところにより，教育学，医学，心理学その他の児童等に対する指導に関する専門的知識を有する者及び当該任命権者の属する都道府県又は市町村の区域内に居住する保護者（親権を行う者及び未成年後見人をいう。）である者の意見を聴かなければならない。

6　前項に定めるもののほか，事実の確認の方法その他第1項及び第4項の認定の手続に関し必要な事項は，教育委員会規則で定めるものとする。

7　前各項に規定するもののほか，指導改善研修の実施に関し必要な事項は，政令で定める。

（指導改善研修後の措置）

第25条の2　任命権者は，前条第4項の認定において指導の改善が不十分でなお児童等に対する指導を適切に行うことができないと認める教諭等に対して，免職その他の必要な措置を講ずるものとする。

第5章　大学院修学休業

（大学院修学休業の許可及びその要件等）

第26条　公立の小学校等の主幹教諭，指導教諭，教諭，養護教諭，栄養教諭，主幹保育教諭，指導保育教諭，保育教諭又は講師（以下「主幹教諭等」という。）で次の各号のいずれにも該当するものは，任命権者の許可を受けて，3年を超えない範囲内で年を単位として定める期間，大学（短期大学を除く。）の大学院の課程若しくは専攻科の課程又はこれらの課程に相当する外国の大学の課程（次項及び第28条第2項において「大学院の課程等」という。）に在学してその課程を履修するための休業（以下「大学院修学休業」という。）をすることができる。

一　主幹教諭（養護又は栄養の指導及び管理をつかさどる主幹教諭を除く。），指導教諭，教諭，主幹保育教諭，指導保育教諭，保育教諭又は講師にあつては教育職員免許法（昭和24年法律第147号）に規定する教諭の専修免許状，養護をつかさどる主幹教諭又は養護教諭にあつては同法に規定する養護教諭の専修免許状，栄養の指導及び管理をつかさどる主幹教諭又は栄養教諭にあつては同法に規定する栄養教諭の専修免許状の取得を目的としていること。

二　取得しようとする専修免許状に係る基礎となる免許状（教育職員免許法に規定する教諭の一種免許状若しくは特別免許状，養護教諭の一種免許状又は栄養教諭の一種免許状であつて，同法別表第三，別表第五，別表第六，別表第六の二又は別表第七の規定により専修免許状の授与を受けようとする場合には有することを必要とされるものをいう。次号において同じ。）を有していること。

三　取得しようとする専修免許状に係る基礎となる免許状について，教育職員免許法別表第三，別表第五，別表第六，別表第六の二又は別表第七に定める最低在職年数を満たしていること。

四　条件付採用期間中の者，臨時的に任用された者，初任者研修を受けている者その他政令で定める者でないこと。

2　大学院修学休業の許可を受けようとする主幹教諭等は，取得しようとする専修免許状の種類，在学しようとする大学院の課程等及び大学院修学休業をしようとする期間を明らかにして，任命権者に対し，その許可を申請するものとする。

（大学院修学休業の効果）

第27条　大学院修学休業をしている主幹教諭等は，地方公務員としての身分を保有するが，職務に従事しない。

2　大学院修学休業をしている期間については，給与を支給しない。

《以下　略》

○就学前の子どもに関する教育，保育等の総合的な提供の推進に関する法律

2006年6月15日公布

第1章　総則

（目的）

第1条　この法律は，幼児期の教育及び保育が生涯にわたる人格形成の基礎を培う重要なものであること並びに我が国における急速な少子化の進行並びに家庭及び地域を取り巻く環境の変化に伴い小学校就学前の子どもの教育及び保育に対する需要が多様なものとなっていることに鑑み，地域における創意工夫を生かしつつ，小学校就学前の子どもに対する教育及び保育並びに保護者に対する子育て支援の総合的な提供を推進するための措置を講じ，もって地域において子どもが健やかに育成される環境の整備に資することを目的とする。

《中略》

第 3 章　幼保連携型認定こども園

（教育及び保育の目標）

第 9 条　幼保連携型認定こども園においては，第 2 条第 7 項に規定する目的を実現するため，子どもに対する学校としての教育及び児童福祉施設（児童福祉法第 7 条第 1 項に規定する児童福祉施設をいう。次条第 2 項において同じ。）としての保育並びにその実施する保護者に対する子育て支援事業の相互の有機的な連携を図りつつ，次に掲げる目標を達成するよう当該教育及び当該保育を行うものとする。

一　健康，安全で幸福な生活のために必要な基本的な習慣を養い，身体諸機能の調和的発達を図ること。

二　集団生活を通じて，喜んでこれに参加する態度を養うとともに家族や身近な人への信頼感を深め，自主，自律及び協同の精神並びに規範意識の芽生えを養うこと。

三　身近な社会生活，生命及び自然に対する興味を養い，それらに対する正しい理解と態度及び思考力の芽生えを養うこと。

四　日常の会話や，絵本，童話等に親しむことを通じて，言葉の使い方を正しく導くとともに，相手の話を理解しようとする態度を養うこと。

五　音楽，身体による表現，造形等に親しむことを通じて，豊かな感性と表現力の芽生えを養うこと。

六　快適な生活環境の実現及び子どもと保育教諭その他の職員との信頼関係の構築を通じて，心身の健康の確保及び増進を図ること。

（教育及び保育の内容）

第 10 条　幼保連携型認定こども園の教育課程その他の教育及び保育の内容に関する事項は，第二条第七項に規定する目的及び前条に規定する目標に従い，主務大臣が定める。

2　主務大臣が前項の規定により幼保連携型認定こども園の教育課程その他の教育及び保育の内容に関する事項を定めるに当たっては，幼稚園教育要領及び児童福祉法第 45 条第 2 項の規定に基づき児童福祉施設に関して厚生労働省令で定める基準（同項第三号に規定する保育所における保育の内容に係る部分に限る。）との整合性の確保並びに小学校（学校教育法第 1 条に規定する小学校をいう。）及び義務教育学校（学校教育法第 1 条に規定する義務教育学校をいう。）における教育との円滑な接続に配慮しなければならない。

3　幼保連携型認定こども園の設置者は，第 1 項の教育及び保育の内容に関する事項を遵守しなければならない。

（入園資格）

第 11 条　幼保連携型認定こども園に入園することのできる者は，満 3 歳以上の子ども及び満 3 歳未満の保育を必要とする子どもとする。

（設置者）

第 12 条　幼保連携型認定こども園は，国，地方公共団体（公立大学法人を含む。第 17 条第 1 項において同じ。），学校法人及び社会福祉法人のみが設置することができる。

（設備及び運営の基準）

第 13 条　都道府県（指定都市等所在施設である幼保連携型認定こども園（都道府県が設置するものを除く。）については，当該指定都市等。次項及び第 25 条において同じ。）は，幼保連携型認定こども園の設備及び運営について，条例で基準を定めなければならない。この場合において，その基準は，子どもの身体的，精神的及び社会的な発達のために必要な教育及び保育の水準を確保するものでなければならない。

2　都道府県が前項の条例を定めるに当たっては，次に掲げる事項については主務省令で定める基準に従い定めるものとし，その他の事項については主務省令で定める基準を参酌するものとする。

一　幼保連携型認定こども園における学級の編制並びに幼保連携型認定こども園に配置する園長，保育教諭その他の職員及びその員数

二　幼保連携型認定こども園に係る保育室の床面積その他幼保連携型認定こども園の設備に関する事項であって，子どもの健全な発達に密接に関連するものとして主務省令で定めるもの

三　幼保連携型認定こども園の運営に関する事項であって，子どもの適切な処遇の確保及び

秘密の保持並びに子どもの健全な発達に密接に関連するものとして主務省令で定めるもの

3　主務大臣は，前項に規定する主務省令で定める基準を定め，又は変更しようとするとき，並びに同項第二号及び第三号の主務省令を定め，又は変更しようとするときは，子ども・子育て支援法第72条に規定する子ども・子育て会議の意見を聴かなければならない。

4　幼保連携型認定こども園の設置者は，第1項の基準を遵守しなければならない。

5　幼保連携型認定こども園の設置者は，幼保連携型認定こども園の設備及び運営についての水準の向上を図ることに努めるものとする。

（職員）

第14条　幼保連携型認定こども園には，園長及び保育教諭を置かなければならない。

2　幼保連携型認定こども園には，前項に規定するもののほか，副園長，教頭，主幹保育教諭，指導保育教諭，主幹養護教諭，養護教諭，主幹栄養教諭，栄養教諭，事務職員，養護助教諭その他必要な職員を置くことができる。

3　園長は，園務をつかさどり，所属職員を監督する。

4　副園長は，園長を助け，命を受けて園務をつかさどる。

5　副園長は，園長に事故があるときはその職務を代理し，園長が欠けたときはその職務を行う。この場合において，副園長が2人以上あるときは，あらかじめ園長が定めた順序で，その職務を代理し，又は行う。

6　教頭は，園長（副園長を置く幼保連携型認定こども園にあっては，園長及び副園長）を助け，園務を整理し，並びに必要に応じ園児（幼保連携型認定こども園に在籍する子どもをいう。以下同じ。）の教育及び保育（満3歳未満の園児については，その保育。以下この条において同じ。）をつかさどる。

7　教頭は，園長（副園長を置く幼保連携型認定こども園にあっては，園長及び副園長）に事故があるときは園長の職務を代理し，園長（副園長を置く幼保連携型認定こども園にあっては，園長及び副園長）が欠けたときは園長の職務を行う。この場合において，教頭が2人以上あるときは，あらかじめ園長が定めた順序で，園長の職務を代理し，又は行う。

8　主幹保育教諭は，園長（副園長又は教頭を置く幼保連携型認定こども園にあっては，園長及び副園長又は教頭。第11項及び第13項において同じ。）を助け，命を受けて園務の一部を整理し，並びに園児の教育及び保育をつかさどる。

9　指導保育教諭は，園児の教育及び保育をつかさどり，並びに保育教諭その他の職員に対して，教育及び保育の改善及び充実のために必要な指導及び助言を行う。

10　保育教諭は，園児の教育及び保育をつかさどる。

11　主幹養護教諭は，園長を助け，命を受けて園務の一部を整理し，及び園児（満3歳以上の園児に限る。以下この条において同じ。）の養護をつかさどる。

12　養護教諭は，園児の養護をつかさどる。

13　主幹栄養教諭は，園長を助け，命を受けて園務の一部を整理し，並びに園児の栄養の指導及び管理をつかさどる。

14　栄養教諭は，園児の栄養の指導及び管理をつかさどる。

15　事務職員は，事務をつかさどる。

16　助保育教諭は，保育教諭の職務を助ける。

17　講師は，保育教諭又は助保育教諭に準ずる職務に従事する。

18　養護助教諭は，養護教諭の職務を助ける。

19　特別の事情のあるときは，第1項の規定にかかわらず，保育教諭に代えて助保育教諭又は講師を置くことができる。

（職員の資格）

第15条　主幹保育教諭，指導保育教諭，保育教諭及び講師（保育教諭に準ずる職務に従事するものに限る。）は，幼稚園の教諭の普通免許状（教育職員免許法（昭和24年法律第147号）第4条第2項に規定する普通免許状をいう。以下この条において同じ。）を有し，かつ，児童福祉法第18条の18第1項の登録（第4項及び第39条において単に「登録」という。）を受けた者でなければならない。

2　主幹養護教諭及び養護教諭は，養護教諭の普通免許状を有する者でなければならない。

3　主幹栄養教諭及び栄養教諭は，栄養教諭の普通免許状を有する者でなければならない。

4　助保育教諭及び講師（助保育教諭に準ずる職務に従事するものに限る。）は，幼稚園の助教諭の臨時免許状（教育職員免許法第4条第

4項に規定する臨時免許状をいう。次項において同じ。）を有し，かつ，登録を受けた者でなければならない。

5　養護助教諭は，養護助教諭の臨時免許状を有する者でなければならない。

6　前各項に定めるもののほか，職員の資格に関する事項は，主務省令で定める。

《以下　略》

○教育基本法［旧法］

1947年3月31日公布

われらは，さきに，日本国憲法を確定し，民主的で文化的な国家を建設して，世界の平和と人類の福祉に貢献しようとする決意を示した。この理想の実現は，根本において教育の力にまつべきものである。

われらは，個人の尊厳を重んじ，真理と平和を希求する人間の育成を期するとともに，普遍的にしてしかも個性ゆたかな文化の創造をめざす教育を普及徹底しなければならない。

ここに，日本国憲法の精神に則り，教育の目的を明示して，新しい日本の教育の基本を確立するため，この法律を制定する。

第1条（教育の目的）教育は，人格の完成をめざし，平和的な国家及び社会の形成者として，真理と正義を愛し，個人の価値をたつとび，勤労と責任を重んじ，自主的精神に充ちた心身ともに健康な国民の育成を期して行われなければならない。

第2条（教育の方針）教育の目的は，あらゆる機会に，あらゆる場所において実現されなければならない。この目的を達成するためには，学問の自由を尊重し，実際生活に即し，自発的精神を養い，自他の敬愛と協力によつて，文化の創造と発展に貢献するように努めなければならない。

第3条（教育の機会均等）すべて国民は，ひとしく，その能力に応ずる教育を受ける機会を与えられなければならないものであつて，人種，信条，性別，社会的身分，経済的地位又は門地によつて，教育上差別されない。

2　国及び地方公共団体は，能力があるにもかかわらず，経済的理由によつて修学困難な者に対して，奨学の方法を講じなければならない。

第4条（義務教育）国民は，その保護する子女に，九年の普通教育を受けさせる義務を負う。

2　国又は地方公共団体の設置する学校における義務教育については，授業料は，これを徴収しない。

第5条（男女共学）男女は，互に敬重し，協力し合わなければならないものであつて，教育上男女の共学は，認められなければならない。

第6条（学校教育）法律に定める学校は，公の性質をもつものであつて，国又は地方公共団体の外，法律に定める法人のみが，これを設置することができる。

2　法律に定める学校の教員は，全体の奉仕者であつて，自己の使命を自覚し，その職責の遂行に努めなければならない。このためには，教員の身分は，尊重され，その待遇の適正が，期せられなければならない。

第7条（社会教育）家庭教育及び勤労の場所その他社会において行われる教育は，国及び地方公共団体によつて奨励されなければならない。

2　国及び地方公共団体は，図書館，博物館，公民館等の施設の設置，学校の施設の利用その他適当な方法によつて教育の目的の実現に努めなければならない。

第8条（政治教育）良識ある公民たるに必要な政治的教養は，教育上これを尊重しなければならない。

2　法律に定める学校は，特定の政党を支持し，又はこれに反対するための政治教育その他政治的活動をしてはならない。

第9条（宗教教育）宗教に関する寛容の態度及び宗教の社会生活における地位は，教育上これを尊重しなければならない。

2　国及び地方公共団体が設置する学校は，特定の宗教のための宗教教育その他宗教的活動をしてはならない。

第10条（教育行政）教育は，不当な支配に服することなく，国民全体に対し直接に責任を負つて行われるべきものである。

2　教育行政は，この自覚のもとに，教育の目的を遂行するに必要な諸条件の整備確立を目標として行われなければならない。

第11条（補則）この法律に掲げる諸条項を実施するために必要がある場合には，適当な法令が制定されなければならない。

附則

この法律は，公布の日から，これを施行する。

索　引

[代表編者]

山﨑 準二（やまざき じゅんじ） 学習院大学教授
高野 和子（たかの かずこ） 明治大学教授

[編著者]

勝野 正章（かつの まさあき）
東京大学大学院教育学研究科教授
東京大学大学院教育学研究科博士課程単位取得満期退学。ワイカト大学大学院博士課程修了（PhD）。
北星学園大学，お茶の水女子大学の専任講師，助教授を経て現在に至る。
〈主要著書等〉
勝野正章・庄井良信（2016）『問いからはじめる教育学』有斐閣
小島弘道・勝野正章・平井貴美代（2016）『学校づくりと学校経営』学文社
勝野正章・村上祐介（2020）『新訂　教育行政と学校経営』放送大学教育振興会

未来の教育を創る教職教養指針　第5巻
教育の法制度と経営

2020年10月20日　第1版第1刷発行

編著　勝野 正章

発行者　田中千津子　〒153-0064　東京都目黒区下目黒3-6-1
電話　03（3715）1501（代）
FAX　03（3715）2012
発行所　株式会社 学文社　http://www.gakubunsha.com

印刷　亜細亜印刷

乱丁・落丁の場合は本社でお取替えします。
定価は売上カード，カバーに表示。

ISBN 978-4-7620-2838-0